友チョコも
あこがれスイーツも！

はじめてのお菓子レッスンBOOK

はじめに

たのしいお菓子作りの世界へようこそ！

みなさんがこの本を手にとってくれたきっかけは何でしょう？
きっと、お菓子を作ってみたいと思っていたり、
バレンタインデーにお友だちにプレゼントしたいと思っていたり、
いろいろですよね。

まずは、この本の中から、いちばんかんたんそうなお菓子をえらんで、
チャレンジしてみてください。
もしかしたら、最初は失敗してしまうかもしれません。
でも、そんな失敗もふくめて、お菓子作りを楽しんでみましょう。
はじめから上手な人は１人もいませんから……。

この本では、私の経験をもとに、
「失敗しやすいから気をつけてほしいポイント」をたくさんのせています。
お菓子作りのコツは、レシピをじっくり読んでイメージし、
きちんと分量や時間をはかって、手順どおりに作ることです。

お菓子を焼いているときに家じゅうに広がる甘い香りは
手作りならではのごちそうです。
くり返し作っているうちに、きっとあなたも私のように
お菓子作りにはまってしまうはず！

さあ、さっそくいっしょに作りましょう!!

チエ先生こと、阪下千恵

保護者の方へ

本書は、子ども（小学校５年生以上）が本を見て自分で作れるよう、わかりやすいレシピを掲載していますが、とくに包丁を扱うとき、またガスコンロやオーブン、電子レンジなどを扱うときは、子ども１人だけで行うのは危険を伴います。必ず保護者の方が近くで見守り、必要な場合には手助けをしてあげてください。

もくじ

はじめに …………………………………… 2 ページ
お菓子作りを始めよう！ …………………… 4 ページ

Part 1 友だちにプレゼントしたい！スイーツ

キュートなチョコスイーツ
ミニカップチョコ …………………………… 10 ページ
（アレンジ）サクサクカップチョコ ……… 11 ページ
スプーンチョコ ……………………………… 12 ページ
タルトカップチョコ ………………………… 14 ページ
米パフチョコバー …………………………… 16 ページ
マシュマロチョコ …………………………… 18 ページ
パイ＆ビスケットのデコチョコ …………… 20 ページ
チョコチップクッキー ……………………… 22 ページ
マーブルカップケーキ ……………………… 24 ページ

見てキュンキュンスイーツ
デコカップケーキ …………………………… 26 ページ
デコシュークリーム ………………………… 30 ページ
スノーマンクッキー ………………………… 32 ページ
アイシングクッキー ………………………… 34 ページ

サクサク＆カリッとスイーツ
スノーボールクッキー ……………………… 38 ページ
しぼり出しクッキー ………………………… 40 ページ
マシュマロクリスピー ……………………… 42 ページ
スティックパイ ……………………………… 44 ページ

本格ほめられスイーツ
トリュフ ……………………………………… 46 ページ
（アレンジ）ホワイトトリュフ …………… 47 ページ
エッグタルトパイ …………………………… 48 ページ
デコレーションアイテム …………………… 50 ページ

Part 2 おうちで食べたい！スイーツ

休日のお楽しみスイーツ
クレープ ……………………………………… 52 ページ
（アレンジ）ミルクレープ ………………… 55 ページ
ホットケーキ ………………………………… 56 ページ
（アレンジ）ハワイアン風パンケーキ／
どら焼き …………………………………… 56 ページ
ドーナツ ……………………………………… 58 ページ
（アレンジ）きなこドーナツ ……………… 59 ページ
カスタードプリン …………………………… 60 ページ
（アレンジ）むしプリン …………………… 60 ページ
スイートポテト ……………………………… 62 ページ
むしチーズケーキ …………………………… 64 ページ
いちご大福 …………………………………… 66 ページ
わらびもち …………………………………… 68 ページ

夏のひんやりスイーツ＆ドリンク
3色アイスキャンディー …………………… 70 ページ
パンナコッタ ………………………………… 72 ページ
シュワシュワみかんゼリー ………………… 74 ページ
フルーツパフェ ……………………………… 76 ページ
シェイク（ブルーベリー・バナナ・キウイ） …… 77 ページ
オレンジシャーベット ……………………… 78 ページ
クリームソーダ ……………………………… 79 ページ

ホーム・パーティーでもり上がるスイーツ
いちごのショートケーキ …………………… 80 ページ
（アレンジ）スコップケーキ ……………… 83 ページ
ベイクドチーズケーキ ……………………… 84 ページ
レアチーズケーキ …………………………… 86 ページ
アップルパイ ………………………………… 88 ページ
ブッシュ・ド・ノエル ……………………… 90 ページ
プチシューのクロカンブッシュ …………… 92 ページ
カルピス寒天入りフルーツポンチ ………… 94 ページ

ラッピングシートの使い方 ………………… 96 ページ
ふろく／ラッピングシート ………………… 97 ページ

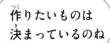

そのレシピにも書いてある材料と道具について説明するわね

ざいりょーとどうぐ？

道具は、材料を切ったりまぜたりするときに使うもの

材料はお菓子作りに必要な食材よ

知っておきたい基本の材料は次のとおりよ

バター

お菓子作りに使うバターは、パンにぬったりするものとはちがう食塩不使用（無塩ともいう）のもの。なければふつうのバター（有塩）でもOK。

薄力粉

薄力粉は小麦粉の種類の1つで、お菓子作りに使うのはおもにこれ。ほかに中力粉、強力粉がある。強力粉はサラサラしているので、生地をのばすときの打ち粉として使うことも。

砂糖

この本で使うのは、サラサラしたグラニュー糖としっとりした上白糖、きめが細かい粉砂糖の3つ。とくに指定のないレシピでは上白糖を使って。かざり用には粉砂糖（粉糖）を使う。

牛乳

牛乳はふつうに飲んでいるものでOK。ただし、低脂肪乳を使うと味が変わってしまうので、成分無調整のものを。また、飲みかけのものより、開けていないものを使おう。

生クリーム

お菓子のデコレーションやクッキー・ケーキの生地などに用いるが、デコレーションに使うときは乳脂肪42％以上のものをえらんで。また、植物性脂肪を加えたものもあるが、乳脂肪分が高いほうがおすすめ。

チョコレート

チョコレートはいろいろな種類があるが、お菓子作りには製菓用がおすすめ。でも、この本で紹介するスイーツのほとんどは、製菓用でも板チョコレートでも、どちらでも作れる。

卵

この本のレシピで使う卵はMサイズのもの。卵はわってそのまま使うときと、卵黄と卵白に分けて使うときがある。卵黄、卵白の分け方は45ページをチェックしよう。

ベーキングパウダー

"ふくらしこ"とも呼ばれ、粉にまぜてケーキをふっくらとふくらませるはたらきがある。粉とよくまざるように、粉とあわせていっしょにふるうとよい。

粉ゼラチン

液体をかためるもので、ゼリーなどを作るとき水にふり入れて使う。同じように液体をかためるものに粉寒天があるが、かたまったときの口あたりがちがうので使い分ける。

基本の材料はスーパーで手に入るものばかり 100均やコンビニで買えるものもあるわよ

へぇ〜、今度チェックしてみようっと！

次に、基本の道具を紹介するわね
100均で売られているものも
たくさんあるのよ

ボウル（大・小）
材料をまぜるときなどに使う。水けやよごれがついていないものを。

バット
下準備に使ったり、型としても使う。

耐熱の容器
材料を電子レンジにかけるときにこれに入れる。

計量スプーン

はかり（デジタルスケール）

計量カップ
粉や液体などの材料をはかるときに使う。1カップ＝200㎖。

キッチンばさみ
袋などを切って開けるだけでなく、生地を切り分けることも。

ゴムべら（大・小）
これで生地をまぜたり、生地をすくったりする。耐熱性が高いものがベター。

はけ
卵やシロップをぬったりするときに使う。1本あると便利。

泡立て器
ハンドミキサー
生地をまぜたり、卵白を泡立てたりするときに使う。卵をしっかり泡立てるときはハンドミキサーが便利。

金あみ（ケーキクーラー）
足がついたもの。焼いたお菓子をのせて冷ますときに使う。

めん棒
パイやクッキー生地をのばすときに、ころがして使う。

竹ぐし
焼き上がりのチェックから、トッピングの細かい作業まで活やく。

しぼり出し袋
口金
チョコレートやクリームをしぼるときに、袋に口金をセットして使う。

粉ふるい
粉類の小さなかたまりをなくすために、ふるう道具。

オーブンミトン
焼いたお菓子を、オーブンから取り出すときに使う。

クッキングシート
天板や型にしいたり、生地をのばすときなどに下にしく。
＊シートの上で食材を切るときは、破れた紙片がまざらないように注意。

おうちにあるものを代わりに使ってもOKよ！
この本では代用できそうなものがあれば説明しているわ

よーし
準備もととのったし
作るぞ〜!!

ちょっとまって！
作る前に3つのことをチェックしてほしいの

❶ 作りたいお菓子の材料や道具はそろえた？
スーパーのほかに、コンビニや100均で売っているものもあるのでチェックして。

❷ 身支度はOK？
●かみの毛はまとめる
かみの毛が材料などに落ちないよう、三角きんかバンダナをつけよう。かみが長いなら、ゴムでゆわえて。
●エプロンをつける
飛びちる粉や液体で服がよごれないようエプロンをつけて作業をしよう。
●そではまくる
かざりがついたそでや長すぎるそでは、作業のジャマになるので、しっかり腕まくりしよう。

❸ 手を洗った？ 道具もキレイかな？
手はもちろん、道具もしっかり洗ってかわかし、せいけつにしてから作業を始めよう。
ツメが長いと間によごれがたまるので、短く切って。

では、いよいよ材料をはかりましょう！

ドーンッ

まずは正しいはかり方を知っておきましょう！

はかりではかる

お菓子作りでは、正確にはかることが大事。材料をボウルや容器に入れてはかるときは、空の容器をのせて、表示を「0」にしてからはかろう。

計量カップではかる

液体をはかるときは計量カップを使う。目もりまで液体を注いだら、真横から見て線に合っているかを確認しよう。

はかり方がいい加減だとうまく作れなくなっちゃうのよ

計量スプーンではかる

分量の少ない粉ものや液体をはかるときに使う。計量スプーンは、大さじ1が15㎖、小さじ1が5㎖と容量が決まっている。

牛乳、生クリームなどの液体をはかる場合

大さじ1

こぼれる寸前の、表面が少しふくらんでいるくらいが目安。

大さじ½
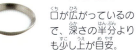
口が広がっているので、深さの半分よりも少し上が目安。

砂糖やベーキングパウダーなどの粉ものをはかる場合

大さじ1

山もりに入れ、スプーンの柄などですり切って平らにする。

大さじ½

山もりに入れたらスプーンの柄などですり切り、半分をかき出す。

大事な作業なんですね！

材料が準備できたら

生地を作ったり…

焼いたり冷やしたり…

クッキーやケーキを焼くときはオーブンね！

天板に生地をならべて
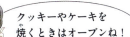
↓
オーブンに入れて

↓
指定の温度で焼く

オーブンを使うときの注意
オーブンを予熱するときは、天板は外に出しておこう。また、オーブンは機種によってクセや特ちょうがあるので、焼き時間はようすを見ながら加減して。

フライパンで焼くときはガスコンロを使うわ
ちなみに火加減は…

※IHクッキングヒーターの場合は、ボタンで火加減を設定して。

弱火	中火	強火
ほのおがフライパンの底にかろうじて届くか届かないかくらい。ほのおはほぼまっすぐ。	ほのおがフライパンの底にちょうど届くくらい。ほのおはやや左右に開いている。	ほのおがフライパンの底にいきおいよくあたるくらい。ほのおは左右に大きく開いている。

バターをとかすときなどには電子レンジも使います

ゼリーなどは冷蔵庫で冷やしかためるのよ

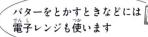

わーできたぁ！

さっそく食べてみよっ！

おいしぃ!!

よーし！トッピングしちゃおう

ちょっとまって！

熱いままだととけちゃうこともあるから冷ましてからね

逆に冷めたらダメなものもあるからレシピをよ〜く見て！

冷めるまでまって…トッピングをして…でき上がり！

プレゼントするときは97ページからのラッピングシートも使ってみてね

セロハン袋にラッピングシートとお菓子を入れて…

私は箱に入れて巻いたよ！

それと…レシピ本には本ごとに"きまり"があるから最初によ〜く読むこと！

最後に、この本の見方も確認しておいてね

この本のきまり

- 材料やレシピに記してある大さじ1は15mℓ、小さじ1は5mℓ、1カップは200mℓです。はかり方は7ページで紹介しているので確認してください。
- 材料の分量に記してある「適量」は、味を見ながら自分の好みで加減したちょうどいい量のことです。
- オーブンの使い方はおうちの人に聞いたり、取扱説明書を読んで確認し、正しく使いましょう。焼き時間や天板の段などは機種によってちがいがあるので、ようすを見ながら調整しましょう。
- 電子レンジもおうちの人に確認するなどして、正しく使いましょう。この本では600Wでの加熱時間を記しています。500Wの場合は1.2倍、700Wの場合は0.8倍にしてください。
- この本で使用しているかざり用のデコレーション素材は、一例です。好みのものを使って、自由に楽しくデコレーションしてください。

この本の見方

- **製作時間** 作り始めてから完成するまでにかかるだいたいの時間です。生地を休ませる時間、冷やしかためる時間などもふくまれていますが、バターなどを室温にもどす時間、解凍する時間、オーブンから出したお菓子が冷めるまでの時間はふくまれていません。作る人の手ぎわや気温によっても変わってくるので、目安です。
- **おすすめマーク**

このお菓子がどんなシーンに向いているかを表しています。
- **作り始める前に** 作り方の1に入る前に準備しておきたいことです。
- **チエ先生のアドバイス** 失敗しないために、またきれいに作るために、とくに気をつけたいことや、ちょっとした知恵などを記しています。
- **メモ** 小さなコツや覚えておきたいことを記しています。
- **アレンジ** 材料や手順、形をちょこっと変えるだけで作れるお菓子も紹介しています。

と、いろいろ説明してきたけど…

手作りのお菓子はちょっと失敗してもそれなりにおいしいものよ

くり返し作っているうちに上手になるからがんばりましょうね！

はい、チエ先生！ありがとうございます！

私たちにも作れそうな気がしてきました！よ〜し、がんばるぞ!!

Part 1

友だちにプレゼントしたい！スイーツ

たくさん作って配れる友チョコから、
ちょっぴり本格的なものまで、
プレゼントしたいときにお役立ちのスイーツです。
プレゼントをよりステキに見せるラッピングアイデアもご紹介！

キュートなチョコスイーツ ▶ 10ページ
見てキュンキュンスイーツ ▶ 26ページ
サクサク＆カリッとスイーツ ▶ 38ページ
本格ほめられスイーツ ▶ 46ページ

Part 1 キュートなチョコスイーツ

かんたんなのに心ときめく！
ミニカップチョコ

製作時間 約3時間　バレンタイン　プレゼント

とかしたチョコをアルミカップに流せば、
ひと口サイズのかわいいチョコのでき上がり。
トッピングでカラフルに仕上げましょう。
ここでチョコのとかし方の基本を覚えてね。

ラッピングアイデア

ラッピング用シート（97ページ～）を切り、カップチョコといっしょにシールをはったセロハンの小袋に入れます。

材料（直径約3cm・約20個分）

チョコレート
（またはホワイトチョコレート）
……………………………… 200g
バター（食塩不使用）…………… 20g
トッピング
好みのトッピングシュガー、
アラザン（小・中）など……… 各適量

必要な道具

包丁、まな板、小鍋、ボウル（小鍋より少し大きめ）、ゴムべら、しぼり出し袋、丸口金（直径約8mm）、バット、ピンセット、コップ

作り始める前に

・バットにアルミカップをならべておく。

型

直径約3cmのアルミカップ
（丸形やハート形）

作り方
*ホワイトチョコレートを使っても作り方は同じです。

1 チョコをきざむ

これくらいにきざんでね！

チョコレートは包丁でできるだけうすくきざみ、ボウルに入れる。バターは1cm角くらいに切る。

2 チョコをとかす

小鍋に水を入れて50℃くらいにあたためる。火を止めて1のボウルをのせ（湯せん→右を見て）、ゴムべらでまぜながらチョコレートをとかす。

湯せんのやり方

チョコを入れたボウルの底にあたるくらいの水を鍋に入れて、50℃くらいにあたためます（ガス湯わかし器で50℃に設定した湯でもOK）。ボウルをのせ、ゴムべらでまぜながらゆっくりととかします。チョコレートに湯が入らないように気をつけて。ボウルは取っ手、注ぎ口付きだと便利。

3 バターを加えると食感がソフトに

チョコレートがとけたらバターを加えてまぜる。バターがとけたらOK。

4 しぼり入れる

しぼり出し袋に丸口金をつけ、コップにセットして3を入れる（しぼり出し袋の使い方→28ページ）。

5

アルミカップのふちまでチョコレートをしぼり入れる。

チエ先生のアドバイス

厚手のチャック付き保存袋にチョコレートを入れ、ひとつの角を少し切り落としてもしぼれますよ。

6

カップを指で軽くもむようにして表面を平らにする。

7 かざる

チョコレートがかたまらないうちにピンセットなどでトッピングをのせ、冷蔵庫で2時間ほど冷やしかためる。

アレンジ

サクサクカップチョコ

チョコレートはホワイトチョコレートを使う。作り方3まで同じように作り、コーンフレーク約1カップを手で軽くくだいて加え、ゴムべらでまぜる。スプーンですくってアルミカップに入れ、冷蔵庫で冷やしかため、好みのチョコペンで表面に線をかく（チョコペンの使い方→13ページ）。

材料（約20本分）

チョコレート
　（またはホワイトチョコレート）…200g
バター（食塩不使用）………………15g
トッピング
　好みのトッピングシュガー、アラザン（小）、
　チョコペン………………………各適量

必要な道具

包丁、まな板、小鍋、ボウル（小鍋より少し大きめ）、ゴムべら、しぼり出し袋、丸口金（直径約8mm）、バット、ピンセット、コップ

作り始める前に

・バットにスプーンをならべておく。

型

長さ約15cmのプラスチックスプーン

作り方
*ホワイトチョコレートを使っても作り方は同じです。

1 チョコをきざむ

チョコレートは包丁でできるだけうすくきざみ、ボウルに入れる。バターは1cm角くらいに切る。

2 チョコをとかす

小鍋に水を入れて50℃くらいにあたためる。火を止めて1のボウルをのせ（湯せん→11ページ）、ゴムべらでまぜながらチョコレートをとかす。

3

チョコレートがとけたらバターを加えてまぜる。バターがとけたらOK。

4 しぼり入れる

しぼり出し袋に丸口金をつけ、コップにセットして3を入れる（しぼり出し袋の使い方→28ページ）。

5

スプーンにチョコレートをしぼり入れる。

6

スプーンの底を台に軽く打ちつけて表面を平らにする。

チエ先生のアドバイス

スプーンからチョコレートがはみ出したら、ペーパータオルでふちにそってふき取って。

7 かざる

すぐにトッピングシュガーやアラザンでかざり、冷蔵庫で1時間ほど冷やす。チョコペンで線や文字をかいて、さらに冷蔵庫で1時間ほど冷やす。

トッピングの参考にして

チョコペン／トッピングシュガー／アラザン／トッピングシュガー／チョコペン

メモ

水けはこまめにふいて

チョコがとけて鍋からボウルをはずしたら、すぐにボウルの底についた水けをふいてね。チョコに水が入るのはNG！

チョコペンの使い方

1

チョコペンは40〜50℃の湯につけ、どきどき上下を入れかえてやわらかくします。

2

チョコペンについた水けをふいてよくもみ、ペン先を指でねじり切って使います。

＊途中でかたくなったら、再び湯につけて。

Part 1 キュートなチョコスイーツ

おしゃれチョコでオトナ感演出☆
タルトカップチョコ

製作時間 約2時間　バレンタイン　プレゼント

市販のミニタルトカップで作るチョコタルト。
チョコの部分は、チョコに生クリームをまぜた
"ガナッシュ"なので口どけまろやか。
デコもオトナっぽく仕上げて。

ラッピングアイデア

フードパックに2個入れて、パックの上にラッピング用シート（97ページ〜）を切って作ったメッセージカードをはります。

材料 （直径約5cm・9個分）

- ミニタルトカップ(市販品) …… 9個
- チョコレート ………………… 100g
- 生クリーム …………………… 60ml
- トッピング
  - 好みのドライフルーツ、ナッツ、アラザン(小) ………………… 各適量
- チョコペン(ホワイト) ……………… 1本

必要な道具

包丁、まな板、小鍋、ゴムべら、小さいスプーン、バット、竹ぐし

作り始める前に

・バットにタルトカップをならべておく。

作り方

1 チョコをきざむ

チョコレートは包丁でできるだけうすくきざむ。

2 ガナッシュを作る

フツフツくらいでOK。煮立てないで！

小鍋に生クリームを入れて弱めの中火にかける。フツフツとしてきたら火を止めて、チョコレートを加える。

3

ゴムべらで静かにまぜながらチョコレートをとかす。

4 タルトカップに入れる

チエ先生のアドバイス
ガナッシュがあまったら、アイスクリームにかけたり、パンにつけたりして食べてね。

チョコレートがなめらかにとけたら、スプーンですくってタルトカップのふちまで入れる。

5 かざる

ガナッシュがかたまらないうちにドライフルーツ、ナッツをのせてアラザンをちらす。

6

チョコペンをあたためて（チョコペンの使い方→13ページ）、線を5本くらいかく。線と直角になる方向に、竹ぐしでまっすぐに線をかいてもようをつける。すべてかざり終えたら、冷蔵庫で1時間以上冷やしかためる。

Part 1 キュートなチョコスイーツ

カリッとした歯ごたえも楽しい！
米パフチョコバー

製作時間 約2時間

チョコの中に米パフ、アーモンド、レーズンをまぜてかためるので、食べごたえたっぷり。かたまったら、好みの大きさに切り分けて。

ラッピングアイデア

1本ずつワックスペーパーにのせて巻き、両端をクルッとねじってキャンディのように包みます。

材料 （10〜12本分）

ブラック
- チョコレート………200g
- 米パフ………1½カップ
- 粒アーモンド
  （無塩・ローストしたもの）………50g
- レーズン………60g

ホワイト
- ホワイトチョコレート………200g
- 米パフ………1½カップ
- 粒アーモンド
  （無塩・ローストしたもの）………50g
- レーズン………30g
- クランベリー………30g

必要な道具
包丁、まな板、小鍋、ボウル（小鍋より少し大きめ）、ゴムべら、クッキングシート

型
20×16cm、高さ3cmのバット

作り始める前に
・バットの長さの2倍以上の長さに切ったクッキングシートをバットにしいておく。

米パフ
お米をふくらませたもので、サクサクした口あたりのお菓子。ぽんせんやパフライスという名前でも呼ばれます。

作り方

＊ここでは「ブラック」の作り方を紹介しています。「ホワイト」の作り方も同じです。

1 チョコをきざむ

チョコレートは包丁でできるだけうすくきざみ、ボウルに入れる。

2 チョコをとかす

小鍋に水を入れて50℃ほどにあたためる。火を止めて1のボウルをのせ（湯せん→11ページ）、ゴムべらでまぜながらチョコレートをとかす。

3 米パフなどをまぜる

チョコレートがとけたら、アーモンド、レーズン（ホワイトはクランベリーも）、米パフの順に加える。

4

ゴムべらでしっかりまぜる。

5 バットに入れる

全体がなめらかになったら、準備したバットの上に入れる。

6

片側のあまったクッキングシートを折って上にかぶせる。

7 ギュッギュッ

2cmくらいの厚さになるように、手で押さえながら形をととのえる。

8 冷やしかためる

あまったクッキングシートを内側に折ってかぶせ、冷蔵庫で1時間ほど冷やしかためる。

9 切る

バットから取り出し、クッキングシートの上で、幅3cmの棒状に切り分ける。

メモ
ボウルの下にはぬれぶきんを

ボウルの下に、ぬらしてしっかりしぼったふきんをしいておくと、グラグラしないから作業がしやすいよ。

Part 1 キュートなチョコスイーツ

マシュマロチョコ
パリッの中にふわっ

製作時間 約2時間

マシュマロにくるんとチョコレートをからめたら、
チョコスプレーでおめかし。
チョコがたれてよごれないよう、
1個ずつていねいに仕上げて。

ラッピングアイデア

マシュマロチョコをラップで包みます。長方形に切ったラッピング用シート（97ページ〜）の真ん中にマシュマロチョコをのせ、大きさに合わせて両端を立ち上げて紙を折ります。両端を上で合わせ、竹ぐしをさけてマスキングテープでとめ、竹ぐしの先に旗のかざりをつけます。

材料 (15個分)

マシュマロ …………………… 15個
チョコレート …………………… 150g
トッピング
カラーチョコスプレー、チョコスプレー
…………………… 各適量

必要な道具

包丁、まな板、小鍋、ボウル（小鍋より少し大きめ）、ゴムべら、コップ、竹ぐし、バット

作り方

1 竹ぐしをさす

マシュマロに竹ぐしをさし、コップなどに立てておく。

2 チョコをきざむ

チョコレートは包丁でできるだけうすくきざみ、ボウルに入れる。

3 チョコをとかす

小鍋に水を入れて50℃くらいにあたためる。火を止めて**2**のボウルをのせ（湯せん→11ページ）、ゴムべらで静かにまぜながらチョコレートをとかす。

4

なめらかになればOK。

5 チョコをつける

マシュマロの竹ぐしを持ち、とかしたチョコレートの中に入れてクルンとからめる。

6

チョコレートがたれなくなるまで、ボウルの上でクルクルと回す。

7 かざる

バットの上などで、すぐにカラーチョコスプレーまたはチョコスプレーを全体にふりかけ、コップなどに立てる。

チエ先生のアドバイス

作り方**5〜7**までは続けてやってね。1個ずつていねいに作ります。

8 冷やす

コップに入れたまま冷蔵庫で1時間ほど冷やす。

チエ先生のアドバイス

冷やすときは竹ぐしからはずし、クッキングシートをしいた保存容器にならべて冷蔵庫に入れてもOK。

パート Part 1 キュートな チョコスイーツ

ハデにデコるのがかわいさの秘けつ
パイ&(アンド)ビスケットの デコチョコ

製作時間 約2時間

シンプルなパイやビスケットに
とかしたチョコをぬったら、
そこにマーブルチョコやグミなどをのせるだけ。
市販のお菓子でオリジナルを作っちゃおう。

ラッピング アイデア

紙のレースコースターといっしょに
パイやビスケットをセロハンの小袋
に入れます。口をとじたら、角に穴
をあけてリボンを通してむすびます。

材料（各8〜10個分）

- 源氏パイ、ビスケット（市販品）……各8〜10枚
- チョコレート……150g
- バター（食塩不使用）……10g
- トッピング
  - マーブルチョコ、アポロチョコ、巻きチョコ、
  - チョコボール（いちご味）などの市販のチョコレート菓子……各適量
  - グミ、バナナチップス……各適量
  - アラザン（小）、トッピングシュガー、クランチなど……各適量
  - チョコペン（ホワイト）……1本

必要な道具

包丁、まな板、小鍋、ボウル（小鍋より少し大きめ）、ゴムべら、小さいスプーン、クッキングシート

作り始める前に

・まな板やバットにクッキングシートをしいておく。

作り方

1 チョコをきざむ

チョコレートは包丁でできるだけうすくきざみ、ボウルに入れる。バターは1cm角くらいに切る。

2 チョコをとかす

小鍋に水を入れて50℃くらいにあたためる。火を止めて1のボウルをのせ（湯せん→11ページ）、ゴムべらで静かにまぜながらチョコレートをとかす。

3

チョコレートがとけたらバターを加えてまぜる。バターがとけたらOK。

4 チョコをぬる

源氏パイ、ビスケットにスプーンの背でチョコレートをぬり、準備したクッキングシートの上にならべる。

5 かざる

チョコレートがかたまらないうちに、上にチョコレート菓子やグミ、バナナチップスなど好みのものをのせ、アラザンやトッピングシュガー、クランチなどをちらす。冷蔵庫で1時間ほど冷やす。

トッピングの参考にして

源氏パイ

ビスケット

仕上げにチョコペン（→13ページ）で線や水玉もようをかく。

Part 1 キュートなチョコスイーツ

つぶつぶチョコがアクセント
チョコチップクッキー

製作時間 約1時間　バレンタイン　プレゼント　おやつ

卵なしでもサクサクのクッキーに仕上がるヒミツは、
なんとマヨネーズ！
焼いてしまえばマヨ味はなくなり、
チョコが口の中に広がります。

ラッピングアイデア

クッキー数枚をセロハンの小袋に乾燥剤といっしょに入れ、大きめの紙ナプキンで包み、ひもやリボンなどでむすびます。
＊ラッピングするときは完全に冷めてから！

材料（直径6〜7cm・約20枚分）

- バター（食塩不使用）……………………90g
- マヨネーズ……………………………大さじ1
- 砂糖（できれば粉砂糖）………………80g
- 薄力粉…………………………………130g
- チョコチップ（できればビタータイプ）……50g

＊卵の入ったマヨネーズを入れることでサクサクに仕上がる。
＊粉砂糖を使うと食感がよくなる。
＊チョコチップは小さなつぶつぶのチョコレートのこと。代わりに板チョコを細かくきざんだものを使ってもOK。

必要な道具

ボウル、粉ふるい、泡立て器、ゴムべら、小さいスプーン、オーブン、オーブンの天板、クッキングシート、オーブンミトン、金あみ、ペーパータオル

作り始める前に

・バターは冷蔵庫から出してやわらかくしておく（ゴムべらで押すとグニャッとするくらい）。
・オーブンの天板にクッキングシートをしいておく。

作り方

1 薄力粉をふるう

粉ふるいに薄力粉を入れ、大きめのボウルにふるう。

2 バターにマヨ、粉砂糖をまぜる

ボウルにバターを入れ、泡立て器でなめらかになるまでまぜる。マヨネーズを加えてまぜる。

3 力強くまぜて！

粉砂糖を2回に分けて加える。粉砂糖の半分を加えたら、砂糖の白いすじが見えなくなるまで泡立て器でまぜ、残り半分を加えて同じようにまぜる。

4 チョコチップをまぜる

チョコチップを加えたら、ゴムべらにかえて全体にいきわたるまでまぜる。

5 薄力粉をまぜる

ふるった薄力粉を加え、ゴムべらでサクサクとねらないようにまぜる。

6

粉っぽいところがほとんどなくなったら、ゴムべらで軽く押してひとつにまとめる。

オーブンを180℃に予熱する

チエ先生のアドバイス
粉類はグルグルとまぜると粉のねばりが出て、クッキーのサクサク感がなくなるのでNG。ゴムべらでサクサクとまぜて。

7 形を作る

6の生地を小さいスプーンで山もり1杯ほどすくい、手で丸める。

8 間をあけて！
準備した天板に間をあけてならべ、手のひらで軽くつぶすように押さえる。

9 オーブンで焼く

180℃で15分ほど、うすい茶色になるまで焼く。天板を出して2〜3分おき、クッキーをそっとペーパータオルの上にならべてから、金あみにのせて冷ます。

メモ

バターがやわらかくないときは
ゴムべらで押してグニャッとしなかったら、バターにラップをかぶせ、グーの手で押してつぶします。手の熱が伝わって早くやわらかに。

Part 1 キュートなチョコスイーツ

ランダムな2色がおしゃれ
マーブルカップケーキ

製作時間 約1時間30分　バレンタイン　プレゼント　おやつ

2色の生地を、カップの中で
クルッとまぜてもようを作ります。
ココアがプラスされたチョコ生地は、
ちょっとリッチな味わい。

ラッピングアイデア

カップケーキにピックをさし、セロハンの小袋（マチ付き）に入れ、口を2〜3回折ってホッチキスでとめます。そこにシールをはります。

＊ラッピングするときは完全に冷めてから！

材料 （直径5.5cmのカップ・5〜6個分）

- バター（食塩不使用） …… 60g
- 砂糖（できればグラニュー糖） …… 70g
- 卵 …… 1個
- 牛乳 …… 60ml
- バニラエッセンス …… 3滴
- A 薄力粉 …… 100g / ベーキングパウダー …… 小さじ1
- チョコレート（ブラック） …… 25g
- 純ココア（あれば） …… 小さじ1

＊バニラエッセンスは甘い香りづけに使用。
＊ココアを入れるとよりマーブルもようがくっきりし、味にも深みが出る。

バニラエッセンス　純ココア

必要な道具
包丁、まな板、耐熱のボウル、電子レンジ、ボウル、粉ふるい、泡立て器、ゴムべら、大きいスプーン、オーブン、オーブンの天板、オーブンミトン、金あみ、竹ぐし

型
直径5.5cm、高さ5cmのマフィンカップ

作り始める前に
- バターは冷蔵庫から出してやわらかくしておく（→23ページ）。
- 卵、チョコレートは冷蔵庫から出して室温にもどしておく。
- Aの薄力粉とベーキングパウダーをあわせてふるっておく（→23ページ）。

作り方

1 チョコレートをとかす

チョコレートはうすくきざみ（→11ページ）、耐熱のボウルに入れてラップなしで電子レンジに30秒かけ、とかす。取り出してゴムべらでまぜる。

2 バターに砂糖、卵、牛乳をまぜる
別のボウルにバターを入れ、泡立て器でなめらかになるまでまぜる。

3
バターがなめらかになったら、砂糖を加えてまぜる。さらに卵をわり入れ、力を入れてよくまぜる。

4

卵の黄色いすじが見えなくなったら牛乳とバニラエッセンスを加え、しっかりまぜる。

5 粉類をまぜる

あわせてふるっておいた薄力粉とベーキングパウダーを加え、ゴムべらでサクサクとねらないようにまぜる。

6 生地を分ける

5を2つのボウルに半量ずつ入れて分ける。Bはこのままで。

オーブンを170℃に予熱する

7 チョコ生地を作る

Aの生地に、ココアを加えてなめらかになるまでまぜ、1のチョコレートを加えてさらにまぜる。

8 カップに入れる

Bの生地と、Aのチョコ生地をそれぞれ大きいスプーンで1〜2杯ずつすくってマフィンカップに交互に流し入れる。

9

カップの7分目くらいまで入れたら、竹ぐしで軽く1〜2周まぜる。

チエ先生のアドバイス
グルグルとまぜすぎると、マーブルもようにならないので軽くまぜてね。

10 オーブンで焼く
天板にカップをならべ、170℃で25〜30分焼く。金あみにならべて冷ます。

Part 1 見てキュンキュン スイーツ

パステルカラーのクリームでおめかし
デコカップケーキ

製作時間 約3時間 プレゼント おやつ

シンプルなカップケーキには、チーズクリームで作るさわやかなクリームを合わせます。しぼり出し袋でしぼったら、お店のケーキに負けないくらいラブリーに。

ラッピングアイデア

箱（約10×10cm、高さ8cm）に、クッション材をしいてカップケーキを入れ、ふたをして花形のペーパーをかぶせ、ひもでむすびます。木のフォークをそえ、造花をかざります。保冷剤もそえ、「早めに食べてね」と伝えて。

材料（直径6cmのカップ・6個分）

- バター（食塩不使用）……………… 50g
- 砂糖（できればグラニュー糖）……… 60g
- 卵 ………………………………………… 1個
- 牛乳 ……………………………………… 60㎖
- バニラエッセンス ……………………… 3滴
- A [薄力粉 ……………………………… 100g
    ベーキングパウダー ……………… 小さじ1]

チーズクリーム
- クリームチーズ ……………………… 100g
- 砂糖（できればグラニュー糖）……… 20g
- レモン汁 ……………………………… 小さじ1
- 生クリーム ………………… ½カップ（100㎖）
- アイシングカラー（ピンク、グリーン、ブルー）
  ……………………………… 各ほんの少し

トッピング
- アラザン（小・中・大） ……………… 各適量

必要な道具

ボウル、粉ふるい、泡立て器、ゴムべら、大きいスプーン、オーブン、オーブンの天板、オーブンミトン、金あみ、しぼり出し袋、星形口金、竹ぐし

型

直径6cm、高さ5cmのマフィン型またはプリン型（→48ページ）、グラシン紙のマフィンカップ

作り始める前に

- バター、クリームチーズは冷蔵庫から出してやわらかくしておく（ゴムべらで押すとグニャッとするくらい）。
- 卵は冷蔵庫から出して室温にもどしておく。
- Aの薄力粉とベーキングパウダーをあわせてふるっておく（→23ページ）。
- マフィン型にマフィンカップをしいておく。

作り方

オーブンを170℃に予熱する

1 バターに砂糖、卵、牛乳をまぜる

ボウルにバターを入れ、泡立て器でなめらかになるまでまぜ、砂糖を加えてさらにまぜる。

2

卵をわり入れ、力を入れてよくまぜる。卵の黄色いすじが見えなくなったら、牛乳とバニラエッセンスを加え、なめらかになるまでしっかりまぜる。

3 粉類をまぜる

あわせてふるっておいた薄力粉とベーキングパウダーを加える。

4

ゴムべらでサクサクとねらないようにまぜる。

5

なめらかになったら生地のでき上がり。

6 型に入れる

スプーン2本を使って、用意した型に生地を入れる。焼くとふくらむので、ふちいっぱいに入れないで、7分目くらいまで。

7 オーブンで焼く

よく冷やしてからチーズクリームをしぼって。

170℃で20〜25分焼く。マフィンカップごと型から出して、金あみの上にのせて冷ます。さわれるくらいになったら、冷蔵庫に入れて冷やしておく。

8 チーズクリームを作る

ボウルにクリームチーズを入れ、ゴムべらでやわらかくねる。

9

なめらかになったら砂糖、レモン汁の順に加えて、泡立て器でまぜる。

10

9のボウルの底に氷水をあてて、生クリームを加え、泡立て器で泡立てる。

チエ先生のアドバイス

別のボウルに、クリームの入ったボウルを重ねてみて、底がつくくらいの氷と水を入れます。水があふれないように注意して。

しぼり出し袋の使い方

しぼり出し袋

先 / 入れ口

丸口金
丸口金は、ミニカップチョコ（→10ページ）、スプーンチョコ（→12ページ）などで使います。

星形口金
星形口金はこのチーズクリームをしぼるときに使用。また、いちごのショートケーキ（→80ページ）にも使います。

1

しぼり出し袋の先を少し切り落とす。

2

しぼり出し袋の入れ口から口金を入れて、先の切り落とした部分にギュッと押し込む。口金の先がしっかり出るくらいにセットして。

3

背の高いコップなどに口金を下にして入れ、袋を外側に折り返すようにして入れ口を広げる。

4

コップを持って、しぼり出すもの（ここではチーズクリーム）を入れる。入れる量は、しぼり出し袋の⅓〜半分くらいが目安。

5

しぼり出し袋の入れ口側を持って、中のクリームを口金のほうに集める。口金からクリームが落ちないように注意して。

6

きき手で入れ口側を持ち、反対の手で口金の上あたりをささえ、きき手でクリームを押しながらしぼり出す。

11

「これが角！」
泡立て器を持ち上げると、角（小さな三角すい）が立つまでしっかり泡立てる。

12 色をつける

11のチーズクリームを3等分する。Aはこのまま使う。

13

ピンクのアイシングカラーを竹ぐしの先にほんの少しつけ、Bのチーズクリームに加える。

14

ゴムべらでしっかりまぜて、ピンク色を作る。

15
Cのクリームにはグリーンとブルーのアイシングカラーをまぜて、ペパーミントグリーン色を作る。

16 かざる
 →
＼でき上がり！／

しぼり出し袋に星形口金をセットし（→28ページ）、Bのチーズクリームを入れて、カップケーキの上にくるくるとしぼり出す。アラザンをちらし、冷蔵庫で1時間ほど冷やす。

Aのチーズクリームを入れてくるくるとしぼり出し、アラザンをちらして冷やす。

Cのペパーミントグリーンのチーズクリームを入れて、1回ずつちょんちょんとしぼり出し、アラザンをちらして冷やす。

> クリームが残ったら、パンにぬってサンドイッチにしてもおいしいよ。

アイシングカラーについて

アイシングカラーはクリームやアイシングなどに色をつけるものです。ペースト状になっているので水でとかずにそのまま使えます。最初にこい色になってしまうと、もどすことができないので、うすめに色をつけて少しずつこいめにして好みの色に仕上げて。同じように色をつけるものに、粉状の食用色素（色粉）がありますが、こちらは水でといて使います。

チエ先生のアドバイス

しぼり出し袋を使わずに仕上げることも。チーズクリームをスプーンでたっぷりぬって、カラーシュガーやアラザンなどをちらしても十分かわいいですよ。

Part 1 見てキュンキュン スイーツ

かわいすぎて食べられない!? デコシュークリーム

製作時間 約1時間

市販のシュークリームをカラフルに仕上げるときに便利なのがチョコペン。いろいろな色があって線や文字がかけるし、ナッツなどをつけるときの"のり"にもなります。

ラッピングアイデア

紙のベーキングカップに1個ずつ入れ、2個いっしょにセロハンシートで包み、両端をキュッととじて、ワイヤー入りリボンでとめます。

材料（12個分）

プチシュークリーム（市販品）
……… 12個
ホワイトチョコレート（板）
……… ½枚

プチシュークリーム

トッピング
チョコペン（チョコ、ホワイト、ピンク、ブルー）…… 各1本
アーモンド、マーブルチョコ、トッピングシュガー、カラーチョコスプレー、アラザン（小・中）など ‥ 各適量

必要な道具
包丁、まな板、小鍋、ボウル（小鍋より少し大きめ）、ゴムべら、小さいスプーン、クッキングシート、ピンセット、バット

作り始める前に
・ホワイトチョコレートはうすくきざみ、湯せんでとかしておく（湯せん→11ページ）。
・まな板やバットにクッキングシートをしいて、プチシュークリームをのせておく。
・チョコペンはぬるま湯につけてやわらかくしておく（→13ページ）。

作り方

1 わんこを作る

プチシュークリームの耳にあたる部分にチョコペンをちょんとつけて（のりになる）、アーモンドをはりつける。

2

チョコペンのチョコで顔をかく。

3

チョコペンのピンクでほっぺをかく。

4

耳の上のほうにチョコペンをちょんとつけて（のりになる）、トッピングシュガーをかざる。

5 マーブルチョコの花を作る

プチシュークリームに、とかしたホワイトチョコレートをぬる。

チエ先生のアドバイス
ぬったチョコレートがやわらかくてトッピングが流れ落ちてしまうときは、冷蔵庫で少し冷やしてからのせて。

6

マーブルチョコを花のようにならべ、中央にトッピングシュガーをのせる。

7 冷やす
トッピングが終わったら、バットにならべて冷蔵庫で30分以上しっかりと冷やす。

トッピングの参考にして

Part 1 見てキュンキュンスイーツ

雪だるまの正体はマシュマロ！
スノーマンクッキー

⏰ 製作時間 約3時間　バレンタイン　プレゼント

丸いココアクッキーに、
マシュマロをのせて電子レンジでとかすだけ。
チョコペンで顔をかいたら、
愛くるしい雪だるまのでき上がり。

ラッピングアイデア

透明カップのふたの上に、ラッピング用シート（97ページ～）を形をあわせて切ってのせます。クッキーをのせ、カップの本体をかぶせ、マスキングテープでとめて上に市販のリボンをかざります。

🎀 材料 （直径約6cm・10～12枚分）

バター（食塩不使用）……100g
砂糖（できれば粉砂糖）……60g
とき卵……………………½個分
純ココア………………大さじ1
A ┌ 薄力粉……………………160g
　└ 塩………………………少々
打ち粉（強力粉または薄力粉）
　………………………適量

トッピング
マシュマロ
　………………10～12個
チョコペン（ブラック、
　イエロー、ブルー）
　………………各1本

＊打ち粉はクッキー生地をのばすときにくっつかないようにふる粉。できれば強力粉、なければ薄力粉を使い、できるだけうすくふる。

🎀 必要な道具

ボウル、粉ふるい、泡立て器、ゴムべら、ラップ、めん棒、ポリ袋、トレイ、オーブン、オーブンの天板、クッキングシート、オーブンミトン、金あみ、電子レンジ、耐熱の皿

🎀 型

直径約6cmのコップまたは丸型

🎀 作り始める前に

・バターは冷蔵庫から出してやわらかくしておく（ゴムべらで押すとグニャッとするくらい）。
・卵は冷蔵庫から出して室温にもどし、といて半量を取り分けておく。
・Aの薄力粉と塩をあわせてふるっておく（→23ページ）。
・オーブンの天板にクッキングシートをしいておく。
・マシュマロは横半分に切る。

作り方

1 バターに砂糖、卵、ココアをまぜる

ボウルにバターを入れ、泡立て器でなめらかになるまでまぜる。砂糖は2回に分けて加え、そのつどよくまぜたら、とき卵を加える。

2

卵の黄色いすじが見えなくなるまでまぜ、ココアも加えてまぜる。

3 粉類をまぜる

ふるっておいた薄力粉と塩を加え、ゴムべらでねらないようにサクサクとまぜる。

4

粉っぽいところがほとんどなくなったら、生地のでき上がり。生地をひとつにまとめる。

5 生地をのばす

ラップの上に4の生地をのせ、ラップごと半分に折って上から押し、生地の向きを変えて同じように押す。これを2〜3回くり返し、生地を四角くととのえる。

6

クッキングシートの上に打ち粉をうすくふり、5の生地をのせて打ち粉をふる。上にもクッキングシートをかぶせて、めん棒で厚さ4mmにのばす。

7 生地を冷やす
生地を大きめのポリ袋にそっと入れ、平らなトレイなどにのせて冷蔵庫で1時間以上冷やす。

オーブンを170℃に予熱する

8 生地をぬく

生地をクッキングシートの上にのせ、コップや丸型に打ち粉をつけて生地をぬく。準備したオーブンの天板に、間をあけてならべる。

9 オーブンで焼く
170℃で15〜17分焼く。取り出して、金あみにのせて冷ます。

10 かざる

耐熱の皿にクッキングシートをしく。クッキーを1枚のせ、真ん中にマシュマロの半分をのせる。ラップをしないで電子レンジに5〜10秒かけ、マシュマロがぷくっとふくらんだら取り出す。

11

すぐにもう半分のマシュマロをのせ、指で軽く押しつける。残りのクッキーも同じように作る。

12
マシュマロが冷めてかたまったら、湯につけてやわらかくしたチョコペンで（→13ページ）顔や文字や雪のもようをかく。冷蔵庫に1時間ほど入れてしっかりと冷やす。

Part 1 見てキュンキュン スイーツ

あこがれのアイシングにチャレンジ！
アイシングクッキー

製作時間 約3時間

アイシングとは砂糖衣がけのこと。
1色使うだけでもクッキーがはなやかに。
クッキーの型をかえればバレンタイン、
ハロウィン、クリスマスと1年中作れます。

ラッピングアイデア

クッキーは1枚1枚セロハンの小袋に入れてテープでとめます。あき箱やかごにクッション材をしき、クッキーをならべ入れます。大きなセロハン袋に入れ、口をリボンでむすび、シールをはります。

材料（4〜6cm大のもの・15〜20枚分）

- バター（食塩不使用）……100g
- 砂糖（できれば粉砂糖）……60g
- とき卵………………½個分
- A ┌ 薄力粉……………160g
    └ 塩…………………少々
- 打ち粉（強力粉または薄力粉）……適量

アイシング
- 粉砂糖………………200g
- 卵白………Sサイズ1個分
- レモン汁…………小さじ1
- 好みの色のアイシングカラー……各ほんの少し

＊打ち粉はクッキー生地をのばすときにくっつかないようにふる粉。できれば強力粉、なければ薄力粉を使い、できるだけうすくふる。

必要な道具

ボウル、粉ふるい、泡立て器、ゴムべら、ラップ、めん棒、トレイ、ポリ袋、オーブン、オーブンの天板、クッキングシート、オーブンミトン、金あみ、小さな容器、大きいスプーン、竹ぐし、小さなプラスチックマドラー、キッチンばさみ

型

4〜6cmの好みのぬき型

作り始める前に

・バターは冷蔵庫から出してやわらかくしておく（ゴムべらで押すとグニャッとするくらい）。
・卵は冷蔵庫から出して室温にもどし、といて半量を取り分ける。
・Aの薄力粉と塩をあわせてふるっておく（→23ページ）。
・オーブンの天板にクッキングシートをしいておく。
・卵白を分けておく（→45ページ）。

作り方

1 バターに砂糖、卵をまぜる

ボウルにバターを入れ、泡立て器でなめらかになるまでまぜる。

2

砂糖は2回に分けて加え、そのつどよくまぜる。

3

とき卵を加えて卵の黄色いすじが見えなくなるまでまぜる。

4 粉類をまぜる

ふるっておいた薄力粉と塩を加える。

5

ゴムべらでねらないようにサクサクとまぜる。

6

粉っぽいところがほとんどなくなったら、生地のでき上がり。生地をひとつにまとめる。

7 生地をのばす

ラップの上に6の生地をのせ、ラップごと半分に折って上から押し、生地の向きを変えて同じように押す。これを2〜3回くり返し、四角くととのえる。

チエ先生のアドバイス

生地がやわらかくてベタベタしていたら、ラップに包んだまま冷蔵庫に入れて冷やします（30分〜2時間）。

8

クッキングシートの上に打ち粉をうすくふって7の生地をのせ、上にも打ち粉をふる。

9

上にもクッキングシートをかぶせて、めん棒で厚さ4mmにのばす。

4mmの厚さになりました

10 生地を冷やす

生地を大きめのポリ袋にそっと入れ、平らなトレイなどにのせて冷蔵庫で2時間以上冷やす。

オーブンを170℃に予熱する

11 生地をぬく
台にクッキングシートをしいて生地をのせ、ぬき型に打ち粉をつける。

12
生地にぬき型をのせて、手のひらで押す。

13
型ごと生地からはずす。

14
天板のクッキングシートの上にのせ、生地を軽く押して型からはずす。

15
同じようにして生地をぬき、クッキングシートの上に間をあけてならべる。

16 オーブンで焼く
170℃で17～20分焼く。取り出して、金あみにのせて冷ます。

17 アイシングを作る
大きめのボウルに卵白を入れ、泡立て器でよくまぜる。粉砂糖とレモン汁を準備する。

18
卵白に粉砂糖の1/3量を加えて、ゴムべらでまぜる。

19
なめらかになったら残りの粉砂糖をすべて加えて、しっかりまぜる。

20
レモン汁をようすを見ながら少しずつ加え、そのつどよくまぜる。

21
ゴムべらですくって落とし、ゆっくりとろりと流れるくらいになればOK。これがアイシングのベース。

チエ先生のアドバイス
ゆるくなりすぎたら粉砂糖を、かたくなりすぎたらレモン汁を、少しずつ加えて調節して。

22 色をつける
ベースのアイシングから、適量を別の小さな容器に入れる。アイシングカラー（→29ページ）を、竹ぐしの先にほんの少しつけて加え、小さなプラスチックマドラーなどでまぜる。

23
色を見ながらアイシングカラーを少しずつ加え、好みの色に仕上げる。

チエ先生のアドバイス
アイシングに色をつけるときは1色ずつ仕上げましょう。ベースのアイシングはかわかないようにラップをかぶせておきます。

24 コルネに入れる

コルネを作り（コルネの作り方→下を見て）、色をつけたアイシングを入れる。

25

コルネの入れ口を折りたたんでとじる。

26

ちょっとしぼって太さを確認して

コルネの先をキッチンばさみでほんの少し切り落とす。

アイシングをしぼる

かぼちゃの場合

27

アイシングを全面にぬる場合は、まず、周囲にぐるりと線をかく。

28

線の中に、アイシングを少し多めにしぼり出し、小さなプラスチックマドラーや竹ぐしでぬり広げる。

29

オレンジ色がかわいたら、黒色で目や口をかく。アイシングの上に別の色をしぼるときは、下のアイシングがしっかりかわいてから。

コルネの作り方

コルネ　入れ口　先

1

すじにそって三角形に切る。

クッキングシートを正方形に切り、三角形に折ってすじをつける。

2

すじにそって三角形に切る。

3

A（底辺の真ん中）を指で押さえて、端からクルクルと巻く。

4

円すい形になるように最後まで巻く。先はしっかりととがった状態になるのがポイント。

5

巻き終わりと、三角にはみ出した部分を内側に折りこんだらでき上がり。

アイシングの参考にして

Part 1 サクサク&カリッとスイーツ

アーモンドの香りがたまらない！
スノーボールクッキー

製作時間 約1時間30分 　プレゼント　クリスマス　おやつ

アーモンドの粉をまぜると、口の中でほろっとくずれるクッキーに。コロコロに丸めて焼いて、粉砂糖をまぶすとまるで雪玉みたいなので、スノーボールという名がついています。

ラッピングアイデア

シールをはった紙コップにクッキーを入れます。セロハンの袋に入れ、ワイヤー入りリボン（星付き）で口をとじます。

材料（直径2〜3cm・24個分）

- バター（食塩不使用）…60g
- 砂糖（できれば粉砂糖）…20g
- 塩…少々
- アーモンドパウダー…30g
- 薄力粉…60g
- 仕上げ用の粉砂糖…適量

＊粉砂糖を使うと食感がよくなる。
＊アーモンドパウダーは、アーモンドを粉にしたもの。アーモンドプードルと呼ぶことも。

アーモンドパウダー

必要な道具

ボウル、粉ふるい、泡立て器、ゴムべら、ラップ、オーブン、オーブンの天板、クッキングシート、オーブンミトン、金あみ、ポリ袋

作り始める前に

・バターは冷蔵庫から出してやわらかくしておく（ゴムべらで押すとグニャッとするくらい）。
・薄力粉はふるっておく（→23ページ）。
・オーブンの天板にクッキングシートをしいておく。

作り方

1 バターに砂糖、塩、アーモンドパウダーをまぜる

ボウルにバターを入れ、泡立て器でなめらかになるまでまぜる。

2

砂糖は2回に分けて加え、そのつどよくまぜる。塩をまぜ、アーモンドパウダーも加えてよくまぜる。

3 薄力粉をまぜる

ふるっておいた薄力粉を加える。

4

ゴムべらでねらないようにサクサクとまぜる。

5

粉っぽいところがほとんどなくなったら、生地のでき上がり。

6 生地を冷やす

生地をひとまとめにし、ラップに包んで冷蔵庫で30分以上冷やす。

7 丸める

オーブンを180℃に予熱する

6の生地を直径1.5cmほど（大人の親指の幅くらい）にちぎって手で丸め、準備した天板に、間をあけてならべる。

8 オーブンで焼く

180℃で17〜20分焼く。全体にうすい色がついたら取り出し、金あみにのせて冷ます。

9 粉砂糖をまぶす

シャカシャカ

クッキーが完全に冷めたら、仕上げ用の粉砂糖といっしょにポリ袋に入れ、やさしくふってクッキーに粉砂糖をまぶす。

材料（直径約2.5cm・約50個分）

- バター（食塩不使用）……………150g
- 砂糖（できればグラニュー糖）……50g
- 塩……………………少々
- 卵白……Sサイズ1個分
- 生クリーム……………20ml
- 薄力粉……………160g
- ドレンチェリー（赤、緑）
  ……………………各適量

ドレンチェリー

必要な道具

ボウル、粉ふるい、泡立て器、ゴムべら、しぼり出し袋、コップ、星形口金、オーブン、オーブンの天板、クッキングシート、オーブンミトン、金あみ、マスキングテープ

作り始める前に

- バターは冷蔵庫から出してやわらかくしておく（ゴムべらで押すとグニャッとするくらい）。
- 薄力粉はふるっておく（→23ページ）。
- ドレンチェリーは4mm角くらいに切る。
- オーブンの天板にクッキングシートをしいて、四つの角をマスキングテープでとめておく。
- 卵白を分けておく（→45ページ）。

テープは焼く前にはがして！

作り方

オーブンを170℃に予熱する

1　バターに砂糖、塩、卵白、生クリームをまぜる

ボウルにバターを入れ、泡立て器でなめらかになるまでまぜる。砂糖、塩の順に加えてよくまぜる。

2

卵白を加えて、しっかりとまぜ合せる。

3

なめらかになったら生クリームを加え、よくまぜる。

4　薄力粉をまぜる

ふるっておいた薄力粉を加える。

5

ゴムべらでねらないようにサクサクとまぜる。

6

粉っぽいところがほとんどなくなったら、生地のでき上がり。

7　しぼり出す

しぼり出し袋に、星形口金をセットする（→28ページ）。しぼり出し袋に6の生地の半量を入れ、クッキングシートの上に間をあけてクルッと1周半しぼり出す。

8

生地の真ん中にドレンチェリーをのせ、天板のマスキングテープをはがす。

9　オーブンで焼く

170℃で10分ほど焼き、160℃に下げてさらに10分ほど焼く。取り出して金あみにのせて冷ます。

10　残りの生地も同じように焼く

天板は洗って（熱いので注意して）冷やし、クッキングシートをしく。残りの生地も作り方7〜9をくり返して焼く。

Part 1 サクサク＆カリッとスイーツ

電子レンジだけで作れちゃう！
マシュマロクリスピー

⏰ 製作時間 約2時間30分　プレゼント　おやつ

マシュマロが主役のお菓子。
マシュマロを電子レンジでとかして、
フルグラ、ナッツをまぜてかためればでき上がり。
マシュマロは冷めるとカリカリの食感になります。

ラッピングアイデア

ラッピング用シート（97ページ〜）をたて半分に切り、リボンを輪にして両端にテープでとめて持ち手を作ります。シートを半分に折り、左右の端を両面テープではって袋を作り、シールをはります。グラシン紙などで包んだマシュマロクリスピーを入れます。

材料 （約4×4cm・6個分）

- マシュマロ ………… 30g
- フルーツグラノーラ … 30g
- スライスアーモンド … 20g
- コーンスターチ ……… 適量

＊コーンスターチは、とうもろこしから作るでんぷんのこと。なければ片栗粉を使う。

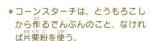
 フルーツグラノーラ
 コーンスターチ

必要な道具

耐熱のボウル、ゴムべら、クッキングシート、電子レンジ、まな板、包丁

型

20×16cm、高さ3cmのバット

作り始める前に

・バットに合わせてクッキングシートをしいておく。

作り方

1 アーモンドをちらす

準備したバットに、コーンスターチをうすくふり、その上にスライスアーモンドの半量をちらす。

2 マシュマロをとかす

耐熱のボウルにマシュマロを入れ、ラップをしないで電子レンジに20〜40秒かける。マシュマロがふわっとふくらんだらOK。

3 グラノーラをまぜる

2にすぐにフルーツグラノーラを加えて、ゴムべらで手早くまぜる。

4 形を作る

1に3をのせ、その上にスライスアーモンドの残りとコーンスターチ少々をちらす。

5

上にクッキングシートをかぶせ、指で押さえながら平らにする。

6

バットから取り出して、クッキングシートの上から手で形をととのえ、冷蔵庫で2時間ほど冷やす。

7 切り分ける

包丁にコーンスターチをつけながら、4×4cmくらいの6等分に切り分ける。

8

切った面のべたつくところには、下に残ったアーモンドスライスやコーンスターチをつける。

Part 1 サクサク&カリッとスイーツ

つい手がのびてしまうお手軽焼き菓子
スティックパイ

製作時間 約1時間 / プレゼント / おやつ

市販のパイシートを細く切って、くるくるとねじって形を作ります。シナモンの香りの甘いパイと、チーズとこしょうの塩味のパイの2種類をご紹介。シナモンのかわりに、純ココアやインスタントコーヒーをふりかけてもおいしいです。

ラッピングアイデア

ワックスペーパーを約35×23cmに切り、パイ3本をのせて巻き、両端をねじってキャンディ包みにしてとじます。上からラッピングシート（97ページ〜）を巻き、リボン約1mを巻きつけてむすび、カードをそえます。

＊ラッピングするときは完全に冷めてから！

材料（14本分）

冷凍パイシート（約11×17cm）…2枚

A ┬ 卵黄…1個分
  │ （卵黄、卵白の分け方→右を見て）
  └ 牛乳…小さじ1

シナモン味
砂糖（できればグラニュー糖）…大さじ1～1½
シナモンパウダー…少々

チーズ味
粗びき黒こしょう…少々
粉チーズ…大さじ1½

必要な道具
めん棒、フォーク、はけ、包丁、まな板、オーブン、オーブンの天板、クッキングシート、オーブンミトン、金あみ

作り始める前に
・冷凍パイシートは冷蔵庫に移し、2～3時間おいて解凍しておく。
・Aの卵黄と牛乳はよくまぜておく。
・オーブンの天板にクッキングシートをしいておく。

卵黄、卵白の分け方

1 卵のからにひびを入れ、容器の上でわり、卵白だけを落とす。

2 片方のからに卵黄を移しながら、卵黄のまわりの卵白を落とす。

3 さらに片方のからに卵黄を移しながら、残った卵白を落とす。

4 卵白が残っていたらもう一度くり返す。

作り方

オーブンを210℃に予熱する

1 パイシートをのばす

パイシート1枚を2枚のクッキングシートではさみ、まな板の上など平らなところにおき、めん棒でたて方向に5cmくらいのばす。

2

上のクッキングシートをはずし、フォークで全体に穴をあける。

3

まぜ合わせておいたAをはけで全体にぬる。

4 シナモン、砂糖をふる

シナモンパウダーを好みの量ふり、砂糖（少し残しておく）を全体にふる。

5 形を作る

包丁で1cm幅くらいに切る。

チエ先生のアドバイス

パイシートが手であつかいにくいほどやわらかくなってしまったら、冷凍庫で冷やして。

6

パイシートの両端をもち、4回くらいねじって、準備した天板に間をあけてならべる。

7

ねじった部分で何もぬっていない部分に、Aをぬり、残しておいた砂糖をふる。

8 オーブンで焼く
210℃で表面に焼き色がつくまで6～10分焼く。オーブンの温度を180℃に下げて、ふくらんだ部分がしっかりとかたまってパリパリになるまで、さらに8～10分焼く。取り出し、金あみにのせて冷ます。

9 チーズ味を焼く

作り方はシナモン味と同じ。作り方4で粗びき黒こしょう、粉チーズの順にふり、7で粉チーズをふる。

Part 1 本格ほめられスイーツ

お菓子作りになれてきたらチャレンジ
トリュフ

製作時間 約6時間 バレンタイン プレゼント

ラッピングアイデア

チョコレートスイーツの上級者編といえばこれ！チョコレートは手の温度でもとけてしまうので、冷やしながら作ります。まん丸にならなくても、仕上げにココアをまぶせば見ばえはバッチリ！

トリュフはグラシンカップに1個ずつ入れます。紙トレイにのせ、セロハン袋に入れて、マスキングテープをはります。

材料 （25～30個分）
ガナッシュ
- チョコレート……………200g
- 生クリーム………………90mℓ

仕上げ
- チョコレート（板・ブラック）…3枚
- 純ココア…………………適量

必要な道具
包丁、まな板、小鍋、ボウル（小鍋より少し大きめ）、ゴムべら、しぼり出し袋、丸口金（直径5～10mm）、バット、ラップ、クッキングシート、フォーク、茶こし、コップ

作り始める前に
・ガナッシュ用、仕上げ用のチョコレートは包丁でできるだけうすくきざんでおく（→11ページ）。
・バットにクッキングシートをしいておく。

作り方

1 ガナッシュを作る

小鍋に生クリームを入れて弱めの中火にかける。フツフツとしてきたら火からおろして、チョコレートを加える。

2

ゴムべらで、静かにまぜてチョコレートをとかす。

3

チョコレートがなめらかにとけたら、鍋の底に氷水をあてて、ゴムべらでまぜる。

チエ先生のアドバイス

空気をふくませるように、底からよくまぜて。

4

チョコレートがかたまって白っぽくなるまでまぜる。

5 小さくしぼり出す

しぼり出し袋に丸口金をつけ、4を入れる(→28ページ)。

6

準備したバットに、直径2cmくらいにしぼり出す。冷蔵庫で20分ほど冷やす。

7 丸く形を作る

「1個ずつ手早くね」
小さくカットしたラップに1個ずつのせて包み、丸く形をととのえ、バットにもどす。手で長くさわるととけてくるので注意。冷蔵庫で30分～ひと晩冷やす。

8 仕上げる

仕上げ用のチョコレートをボウルに入れ、湯せん(→11ページ)でとかす。湯せんからはずし、7を1個ずつフォークにのせてチョコレートをつけ、7のバットにのせる。

チエ先生のアドバイス

チョコレートをたっぷりつけたら、フォーク2本でキャッチボールのようにして余分なチョコレートを落とします。

9

すべてにチョコレートをつけたら、茶こしにココアを入れてふりかける。

10

1個ずつフォークでころがして、全体にココアをまぶす。冷蔵庫で2時間以上しっかりと冷やす。

アレンジ ホワイトトリュフ

ガナッシュは同じように作り、作り方8で仕上げ用のチョコレートをホワイトチョコレートに変える。純ココアの代わりにココナッツロングを手でちぎったものをつける。

Part 1 本格ほめられスイーツ

カスタードクリーム入りの本格パイ
エッグタルトパイ

製作時間 約1時間30分 プレゼント おやつ

プリン型にパイシートをしき、カスタードクリームをたっぷり入れて焼き上げます。外側のパイはサクサクで、中のクリームはとろ〜り。見ためはシンプルだけど、お店の商品に負けない味です。

ラッピングアイデア

パイ1個をセロハンの小袋に入れます。約15×10cmに切ったラッピング用シート（97ページ〜）の上にのせ、パイが見えるように少しあけて両端を折ります。ひもを十字にかけて端を長めに残して真ん中でむすび、残した部分をむすんで持ち手を作り、タグをかざります。
＊ラッピングするときは完全に冷めてから！

材料（8個分）

冷凍パイシート
（約11×17cm）……2枚

カスタードクリーム
薄力粉……20g
牛乳……¾カップ（150ml）
砂糖（できればグラニュー糖）……60g
生クリーム……170ml
卵黄……4個分
（卵黄、卵白の分け方→45ページ）
バニラエッセンス……2〜3滴

必要な道具

クッキングシート、めん棒、包丁、まな板、フォーク、キッチンばさみ、粉ふるい、ゴムべら、大きいスプーン、鍋、オーブン、オーブンの天板、オーブンミトン、金あみ

型

直径6cm、高さ5cmのプリン型

作り始める前に

・冷凍パイシートは冷蔵庫に移し、2〜3時間おいて解凍しておく。
・薄力粉はふるっておく（→23ページ）。
・型にはあらかじめ油（分量外）をぬっておく。

作り方

1 パイシートをのばす

パイシート1枚を2枚のクッキングシートではさみ、めん棒で厚さ5mmくらいにのばす。

2

上のクッキングシートをはずし、フォークで全体に穴をあける。

3 型にしく

パイシートを4等分に切る。

4

型にパイシートをしき、底を指で押さえて型になじませる。

5

型からはみ出した部分はキッチンばさみで切り取る。

6

切り取った部分は、パイシートがない部分にはりつける。もう1枚のパイシートも同じようにして8個の型にパイシートをしき、冷蔵庫で冷やしておく。

オーブンを250℃に予熱する

7 カスタードクリームを作る

鍋にふるっておいた薄力粉と砂糖を入れてゴムべらでまぜる。牛乳を少しずつ（小さじ1〜大さじ1）加えて、ときのばす。粉が見えなくなってなじんだら、残りの牛乳をすべて加える。

8

7を中火にかけ、ゴムべらでしっかりまぜながら煮る。底が見えるようになってきたら、さらに1〜2分煮る。

9

ぬれぶきんの上にのせて

のりのようになってとろみがついたら、火からおろし、ぬれぶきんの上にのせて底を冷やす。

10

生クリームを少しずつ加えて、そのつどまぜる。

11

卵黄とバニラエッセンスを加えて、卵黄の黄色いすじが見えなくなるまでよくまぜる。

12 型に入れる

6の型に、パイシートのふちより7〜8mm下まで、カスタードクリームをスプーンで流し入れる。

13

パイシートのふちを、指で軽く内側に折り、オーブンの天板にのせる。

14 オーブンで焼く
250℃で10分ほど焼き、オーブンの温度を200℃に下げてパイのふちにしっかりと焼き色がつくまで5〜8分焼く。取り出して型ごと金あみの上にのせて5分ほどおいて冷まし、型からはずししっかりと冷ます。

チエ先生のアドバイス

あたたかいうちに食べてもOK。冷蔵庫で冷やしてもおいしいですよ！

デコレーションアイテム

かわいいお菓子作りの心強い味方。ここでは基本的なものを紹介するので、組み合わせやかざり方で、自分だけのデコレーションに仕上げてね。

ちらす・のせる

砂糖やチョコレートで作った小さなかざり。カラフルな丸やハート形、星形をしたものなどがあり、スイーツの上にちらしたり、のせたりして使います。

チョコスプレー
チョコレートを小さく加工したもの。

カラーチョコスプレー
カラフルな色をつけたチョコスプレー。

> 18ページの「マシュマロチョコ」などで使うよ！

トッピングシュガー
いろんな種類があるので、100円ショップ（100均）やスーパーなどでさがしてね。

> 10ページの「ミニカップチョコ」などで使うよ！

> 26ページの「デコカップケーキ」などで使うよ！

アラザン
砂糖をかためたもの。銀色が基本ですが、カラフルなものもあるよ。

ふる・まぶす

ココアや粉砂糖などの粉をふるのも、デコレーションのひとつ。全体にまぶすか、茶こしでうすくふるかでも見た目は変わります。

かく

線をかいたり、文字をかいたりするならデコ（チョコ）ペン！使い方はかんたんなので手軽にかざれます。

純ココア
砂糖が入っていないココア。ふると香りもよくなります。

粉糖（粉砂糖）
白く仕上げたいときに使います。ふわっとやさしい感じに。

ココナッツ（ロング）
ココナッツの香りと甘みがついて、味わいのアクセントにもなります。

デコペン
お湯につけてやわらかくしたら、ペン先をねじって切ってしぼり出します（→13ページ）。

> 38ページの「スノーボールクッキー」や46ページの「トリュフ」、47ページの「ホワイトトリュフ」などで使うよ！

> 12ページの「スプーンチョコ」や14ページの「タルトカップチョコ」などで使うよ！

協力／共立食品　＊掲載商品は、今後パッケージの変更や商品リニューアル、または販売終了となる可能性があります。ご了承ください。

Part2

おうちで食べたい！スイーツ

おうちで食べたいほっこりスイーツや、
お友だちといっしょに食べてもり上がるスイーツがいっぱい。
市販のお菓子を活用するかんたんなものから、
一度は作ってみたいあこがれケーキまでご紹介！

休日のお楽しみスイーツ ▶ 52ページ
夏のひんやりスイーツ＆ドリンク ▶ 70ページ
ホームパーティーでもり上がるスイーツ ▶ 80ページ

クレープ
好きな具を包むのってあこがれ♡

製作時間 約2時間　パーティー　おやつ

バターで焼き上げたクレープは、しっとりふんわりで、バターのいい香りがします。生クリームやバナナ、いちごなどを包めば、まるでお店のクレープ！

Happy!

ラッピング用シート(97ページ〜)で包むと、かわいさアップ！

材料（10〜12枚分）

クレープ生地
- 薄力粉 …… 200g
- 砂糖 …… 大さじ2
- 塩 …… ひとつまみ
- 卵 …… 4個
- 牛乳 …… 2½カップ（500㎖）
- バター（食塩不使用）…… 50g

クレープを焼くバター
- （食塩不使用）…… 適量

トッピング
- 生クリーム …… 1カップ（200㎖）
- 砂糖 …… 大さじ1½
- バナナ、いちご …… 各適量
- チョコレートシロップ、キャラメルシロップ …… 各適量

チョコレートシロップ

キャラメルシロップ

必要な道具
ボウル、泡立て器、ラップ、フッ素樹脂加工のフライパン、お玉、ペーパータオル、はし、さいばし、フライ返し、電子レンジ、耐熱の容器、皿

作り始める前に
- 卵はボウルにわり入れ、といておく。
- 牛乳は耐熱の容器に入れ、ラップをして電子レンジに1分30秒〜2分かけて人の体温くらい（約35℃）にあたためておく。
- バターは耐熱の容器に入れ、ラップをしないで電子レンジに30秒ほどかけてとかしておく。

作り方

1 薄力粉、砂糖、塩をまぜる

ボウルに薄力粉、砂糖、塩を入れ、泡立て器でグルグルとまぜる。

2 卵をまぜる

中央を少しくぼませ、とき卵の⅓量を入れ、まわりの粉となじませるように力強く、手早くまぜる。

3

残りのとき卵は2回に分けて同じようにまぜ、とき卵をすべて入れたら全体をしっかりまぜる。

メモ
泡立て器の持ち方
力を入れてまぜるときは、泡立て器の持ち手の下の部分を写真のように持って。グルグルとしっかりまぜることができます。

4 牛乳をまぜる
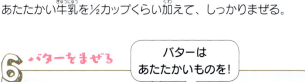
あたたかい牛乳を½カップくらい加えて、しっかりまぜる。

5
全体になじんだら、残りの牛乳を加えてまぜる。

6 バターをまぜる　バターはあたたかいものを！

とかしたあたたかいバターを加えて、よくまぜる。

7 30分おく

ボウルにラップをして、部屋の中のすずしいところに30分ほどおく。

チエ先生のアドバイス
まぜた生地を30分おくことで、生地がなじんで焼き上がりがなめらかになります。

8 フライパンで焼く

クレープは1枚ずつ焼く。フライパンを中火にかけてあたため、バター少量を入れ、折ったペーパータオルをはしにはさんで全体にぬり広げる。

9

クレープ生地をお玉1～1½杯流し入れ、フライパンを回して手早く広げる。

チエ先生のアドバイス
うすく焼き上がったほうがおいしいので、流し入れる生地の量はフライパンの大きさに合わせて!

10

クレープの端がチリチリと茶色になってくるまでしっかりと焼く。端からさいばしを入れ、ぐるりと1周してフライパンからはがす。

11

下に入れ → エイッと → ひっくり返す

フライ返しをクレープの下に入れて、いっきにうら返す。

12

反対の面は30秒ほど、表面をかわかすように焼く。

13

クレープの下にフライ返しを入れ、すべらせるようにして皿にのせる。残りも同じように焼き、焼いたクレープはかさねていく。

14 生クリームを泡立てる

ボウルに生クリームと砂糖を入れ、氷水をあてながらやわらかめに泡立てる(生クリームの泡立て方→55ページ)。

15 仕上げる

いちごキャラメル
いちごはヘタを取って、たて3つに切る。クレープの⅙のところに泡立てた生クリームを大さじ1くらいのせ、いちごをならべる。上に好みの量のキャラメルシロップをかける。

チョコバナナ
バナナは皮をむき、ななめにうす切りにする。クレープの⅙のところに泡立てた生クリームを大さじ1くらいのせ、バナナをならべる。上に好みの量のチョコレートシロップをかける。

16

手前のクレープをかぶせて半分に折り、端から2～3回巻く。

ミルクレープ

クレープを何枚もかさねて作るのがミルクレープ。
デコレーションを工夫すれば、ホームパーティーの主役にも。

材料（直径20cm・1台分）と作り方

1 クレープ生地は同じように作り、直径20cmのフライパンで同じように焼く（→53〜54ページ）。
2 ボウルに生クリーム2カップ（400㎖）と砂糖大さじ3を入れ、氷水にあてながらやわらかめに泡立てる（→下を見て）。星形口金をセットしたしぼり出し袋（→28ページ）に、⅓くらいまで入れる。
3 器にクレープ1枚を広げ、泡立てた生クリーム大さじ1〜2をのせて全体にのばし、クレープ1枚をのせる。同じようにくり返し、すべてのクレープをかさねる。きっちりラップをして冷蔵庫で30分〜1時間冷やす。
4 食べるときに切り分けて器にもり、しぼり出し袋に入れた生クリームをしぼり出し、ブルーベリー適量をのせ、好みでキャラメルソースをかける。

生クリームの泡立て方

1
ボウルに生クリーム、砂糖を入れる。別のボウルに氷水を入れ、そこに生クリームの入ったボウルをのせ、冷やしながら泡立てる。

2
泡立て器をシャカシャカ手早く動かし、空気をふくませるように泡立てる。

3
すじがつくようになったら、泡立てるスピードをゆるめ、お菓子に合わせてやわらかめ、またはかために泡立てる。

やわらかめ

泡立て器を持ち上げると、とろとろと落ちてしばらくそのまま形が残る状態。ひとまぜごとにかたくなるので、ようすを見ながらまぜて。

かため

泡立て器を持ち上げると、ツンと角が立つ状態。これ以上泡立てると、バターのようにボロボロ分離してしまうので注意。

Part 2 休日のお楽しみスイーツ

おやつにピッタリ！ 朝ごはんにも！
ホットケーキ

製作時間 約30分　おやつ

少し厚めにふんわり焼いて、バターとメープルシロップで食べると幸せの味！
油が多いときれいな焼き色がつかないのでペーパーでぬり広げ、弱火で焼きます。
パンケーキやどら焼きにアレンジしても。

アレンジ

ハワイアン風パンケーキ
南国のフルーツをちらします。

材料（ワンプレート分）と作り方

1. ホットケーキ生地と同じように生地を作る（→57ページ）。ただし作り方1で牛乳大さじ3をさらに加えまぜ、ゆるめの生地にする。フライパンにサラダ油をなじませ、生地を直径9～10cmに広げて同じように焼く（5枚くらい→57ページ）。
2. ボウルに生クリーム1カップ（200mℓ）、砂糖15g、バニラエッセンス1～2滴を入れ、底に氷水をあてながらかために泡立てる（→55ページ）。マンゴーやキウイ、パイナップルなど好みのフルーツは2～3cm角に切る。
3. パンケーキを器にならべる。しぼり出し袋に星形口金をセットし（→28ページ）、泡立てた生クリームを入れてパンケーキの上に適量しぼり出す。フルーツをちらし、チョコレートシロップをかけ、ミントをそえる。

どら焼き
あんをはさんだら和のおやつに！

材料（7個分）と作り方

1. みりん大さじ1は耐熱の容器に入れ、ラップをしないで電子レンジに10秒ほどかける。
2. つぶあん250gは7等分し、ラップに包んで丸める。
3. ホットケーキ生地と同じように生地を作り（→57ページ）、1のみりんと、はちみつ大さじ1をまぜる。
4. フライパンにサラダ油をなじませ、生地を直径7～8cmに広げて同じように焼く（14枚→57ページ）。
5. どら焼きの生地があたたかいうちに2枚1組にし、1枚に2のあんを1個のせて軽くつぶして、もう1枚の生地でサンドする。ラップで包んで形をととのえる。残りも同じように作る。

つぶあん
＊やわらかいタイプの場合は鍋に入れて弱火にかけ、まぜながら水分をとばして冷ます。

材料 （直径約13cm・3枚分）

ホットケーキ生地
- ホットケーキミックス …… 150g
- 卵 …………………………… 1個
- 牛乳 ………… ½カップ（100mℓ）
- サラダ油 ………………… 適量
- バター、メープルシロップ
  ………………………… 各適量

ホットケーキミックス

メープルシロップ

必要な道具
ボウル、泡立て器、フッ素樹脂加工のフライパン（ふた付き）、小さいお玉、ペーパータオル、はし、フライ返し

作り始める前に
・バターは適度な大きさに切っておく。

作り方

1 卵と牛乳をまぜる

ボウルに卵と牛乳を入れ、泡立て器でまぜ合わせる。

2 ホットケーキミックスをまぜる

よくまざったら、ホットケーキミックスを加えてまぜる。

3

粉っぽさがなくなればOK。まぜすぎないのがふんわり仕上げるコツ。

4 フライパンで焼く

ホットケーキは1枚ずつ焼く。フライパンにサラダ油少量を入れ、ペーパータオルをはしにはさんで全体にぬり広げる。

5

フライパンを中火にかけてあたため、あたたまったら弱火にする。2の生地を小さいお玉1杯分くらい（⅓量）落とし入れ、まるく広げる。

6

穴に注目！
ふたをして3分ほど焼く。表面に空気の穴がプツプツと出て、きれいな焼き色がついたら、フライ返しでうら返す。

7

もう一度ふたをして、2～3分焼く。きれいな焼き色がついたら、取り出す。残りも同じように焼く。

8 もる

ホットケーキを器にもり、バターをのせ、メープルシロップをかける。

Part 2 休日のお楽しみスイーツ

あげたてがおいしい！
ドーナツ

製作時間 約1時間　おやつ

ドーナツは油であげて仕上げるおやつです。
必ず大人といっしょに作りましょう。
粉を加えてサクサクとまぜてまとめたら、
コップとびんのふたで、かわいいドーナツ形にぬきます。

材料（4個分）

- ホットケーキミックス……150g
- バター（食塩不使用）………20g
- 卵……………………………1個
- 薄力粉………………………少々
- あげ油………………………適量
- 粉砂糖………………………適量

必要な道具

耐熱のボウル、電子レンジ、ゴムべら、クッキングシート、あげ鍋（なければ深めのフライパン）、さいばし、網じゃくし、油きり用バット、茶こし

型

直径約7cmのコップ、直径約3cmのびんのふたなど

作り方

1 バターに卵をまぜる

耐熱のボウルにバターを入れ、ラップをしないで電子レンジに30〜40秒かけてとかす。卵をわり入れて、ゴムべらでまぜる。

2 ホットケーキミックスをまぜる

卵がしっかりなじんだら、ホットケーキミックスを加える。

3

ねらないように、サクサクとまぜる。

4 まとめる

粉がなじんだら、ひとつにまとめる。

5 生地をのばす

台にクッキングシートをしいて4をのせ、上にもクッキングシートをかぶせる。

6

手のひらで1cmくらいの厚さにのばす。

7 生地をぬく

コップのふち、びんのふたのふちに薄力粉をつける。コップで生地をぬき、真ん中をびんのふたでぬいてリング状にする。

8 あげる

あげ鍋に油を入れて170℃に熱し、7をそっと入れて1〜2分あげる。色がついたら網じゃくしですくってさいばしでうら返し、さらに1〜2分あげる。

9

全体がこんがりと色づいたら油きり用のバットにとる。粗熱がとれたら、茶こしに粉砂糖を入れてたっぷりとふる。

アレンジ きなこドーナツ

残った生地とぬいた真ん中の生地は、もう一度まとめて直径3cmほどに丸める。同じように170℃のあげ油で、こんがり色づくまであげる。バットなどにきなこと粉砂糖を同量入れてまぜ、ドーナツをころがしてまぶす。

チエ先生のアドバイス

深めのフライパンであげるときは、油があふれると危険なので油の量に注意して。あげるときは必ず大人といっしょに行い、火から目をはなさないでください。

パート Part 2 休日のお楽しみスイーツ

クリームとチェリーでちょっとリッチに
カスタードプリン

製作時間 約3時間　パーティー　おやつ

砂糖をこがしたカラメルと、卵と牛乳の生地をいっしょにむし焼きにするプリン。なめらかな口あたりは、たまらないおいしさです。

アレンジ

むしプリン

プリン型と同じくらいの大きさの陶器に、カラメルを流し入れ、プリン液を注ぐ。むし器にならべ、ふたをして（→65ページ）強火で1分ほどむし、弱火にして、ふたとむし器の間にはしを1本はさんで10分ほどむす。

＊じょう気をにがして温度を少し下げると"す"が入らない。

材料（6個分）

カラメル
- 砂糖 …………………… 40g
- 水、熱湯 ……… 各大さじ1

プリン液
- 卵 ……………………… 3個
- 砂糖 …………………… 75g
- 牛乳 …… 1½カップ（300ml）
- バニラエッセンス …… 3滴

- 型にぬるサラダ油 …… 少々

トッピング
- ホイップクリーム
  （→76ページ）…… 適量
- チェリー（缶づめ）…… 6個

必要な道具
フッ素樹脂加工のフライパン、小さいスプーン、ボウル、泡立て器、小鍋、ざる、お玉、竹ぐし、アルミホイル、オーブンの天板、むし機能付きオーブン、オーブンミトン、軍手

作り始める前に
- プリン型にうすくサラダ油をぬり、オーブンの天板にならべておく。
- むし機能付きオーブンの給水タンクに水を入れてセットする。

型 直径6cm、高さ5cmのプリン型

作り方

1 カラメルを作る

フライパンに砂糖と水を入れ、中火にかける。ときどきフライパンをゆすりながら加熱する。

2
はねるので軍手をして

泡が大きくなって、おいしそうな茶色になってきたら火を止める。30秒ほどおいて、熱湯を加える。

3
時間がたつとかたまってくるので手早く

カラメルをスプーンですくい、油をぬったプリン型に等分に入れる。

4 プリン液を作る

ボウルに卵をわり入れて、泡立て器でほぐし、砂糖を加えてまぜる。

5

牛乳は小鍋に入れて中火にかけ、50℃くらいにあたためる。あたたかい牛乳を卵液に加えて、泡立て器でよくまぜる。バニラエッセンスを加えてまぜる。

6 こす

別のボウルに目の細かいざるをのせ、ここに5を通してこす。

7 型に流す
カラメルを入れた型に6のプリン液をお玉で等分に注ぐ。泡があれば竹ぐしでつぶす。

8 むす
型にアルミホイルをかぶせ、むし機能で20～25分むす。
※むし機能はオーブンの機種によって設定がちがうので、おうちのオーブンの使い方を確認して。

9 冷やす
オーブンから出して冷まし、さわれるくらいになったら冷蔵庫で冷やす。

10 型から出す

アルミホイルをはずし、プリンのふちをぐるっと1周、軽く指で押す。プリンをもる器をかぶせて返し、横に大きくふるようにして型からはずす。上にホイップクリームをしぼり出し、チェリーをのせる。

材料（8個分）

さつまいも
　……大1本（皮をむいて350g）
バター（食塩不使用）……35g
砂糖……………………50g
生クリーム……………大さじ2
卵黄……2個分（卵黄、卵白の
　　　　分け方→45ページ）

つや出し用卵黄
卵黄………1個分
牛乳………小さじ1
塩…………少々

必要な道具

鍋、ざる、ボウル、ゴムべら、竹ぐし、フォーク、バット、はけ、ラップ、オーブンの天板、オーブン、クッキングシート、オーブンミトン、金あみ

作り始める前に

- さつまいもは厚めに皮をむき、1cm幅の輪切りにする。大きい場合は半分に切る。たっぷりの水に5分ほどさらし、水けをきる。
- バターは小さく切っておく。
- オーブンの天板にクッキングシートをしく。
- つや出し用卵黄の卵黄、牛乳、塩をまぜておく。

作り方

1 さつまいもをゆでる

さつまいもを鍋に入れ、ひたひたの水を加えて中火にかける。ふっとうしたら弱めの中火にして、やわらかくなるまでゆでる。

オーブンを200℃に予熱する

2 つぶす

さつまいもをざるに上げて湯をきり、ボウルに入れてフォークの背でていねいにつぶす。

3 バター、砂糖、生クリームを加える

さつまいもがあたたかいうちにバター、砂糖、生クリームの順に加え、ゴムべらでよくまぜる。

4 ねる

鍋にもどし、弱火にかけて、こがさないように1〜2分ねりまぜて、余分な水分をとばす。ひとつにまとまるようになればOK。

5 卵黄をまぜる

火を止めて、真ん中にくぼみをつくり、卵黄を加え、卵黄が鍋の側面にあたらないようにしながらまぜる。

6

ごく弱火にかけて、30秒〜1分まぜながら加熱して、手で丸められるかたさにする。バットかボウルに移して冷ます。

チエ先生のアドバイス

火を通しすぎると卵黄がかたまってポロポロになってくるので注意して。

7 形を作る

手でさわれるくらいになったら、8等分にする。ラップにのせて、水をつけた手でラグビーボールの形にととのえる。

8

残りも同じようにして作り、準備した天板に間をあけてならべていく。合わせておいたつや出し用卵黄を、はけでぬる。

9 オーブンで焼く

200℃で10〜15分焼く。おいしそうな焼き色がついたら、金あみにのせて冷まし、さわれるくらいになったら冷蔵庫でしっかりと冷やす。

Part 2 休日のお楽しみスイーツ

ホッカホカのむしたてを味わおう
むしチーズケーキ

製作時間 約1時間　プレゼント　おやつ

むしケーキは中までふわふわ。
チーズがほんわか香って、
むしケーキの甘さが引き立ちます。
軽い食感だからいくつでも食べられちゃう☆

材料（6個分）

- ホットケーキミックス … 150g
- クリームチーズ … 70g
- 砂糖 … 50g
- 粉チーズ … 大さじ1
- 卵 … 1個
- 牛乳 … ¼カップ（50ml）
- サラダ油 … 小さじ1

必要な道具

ボウル、泡立て器、大きいスプーン、むし機能付きオーブン、オーブンの天板、オーブンミトン、金あみ、うちわ

作り始める前に

- クリームチーズは冷蔵庫から出してやわらかくしておく。
- プリン型にマフィンカップを入れておく。
- むし機能付きオーブンの給水タンクに水を入れてセットする。

型

直径6cm、高さ5cmのプリン型、グラシン紙のマフィンカップ

作り方

1 クリームチーズに砂糖、粉チーズをまぜる

ボウルにクリームチーズを入れ、泡立て器でなめらかになるまでしっかりまぜる。

2

砂糖、粉チーズの順に加えてまぜる。

3 卵をまぜる

わった卵を加え、力を入れてよくまぜる。

4 牛乳、サラダ油をまぜる

卵の黄色いすじが見えなくなったら、牛乳、サラダ油の順に加えてよくまぜる。

5 ホットケーキミックスをまぜる

ホットケーキミックスを加えてまぜる。粉っぽいところがなくなればOK。まぜすぎないこと。

6 型に入れる

スプーンを使って、準備した型に生地を入れる。むすとふくらむので、ふちいっぱいまで入れない。だいたい8分目くらいまで。

7 むす

オーブンの天板にならべ、むし機能で25～35分むす。
※むし機能はオーブンの機種によって設定がちがうので、おうちのオーブンの使い方を確認して。

8 冷ます

オーブンから取り出し、やけどに注意してプリンカップから出す。金あみにのせ、うちわであおいで急いで冷ますとつやが出る。

チエ先生のアドバイス

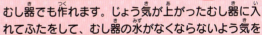

むし器でも作れます。じょう気が上がったむし器に入れてふたをして、むし器の水がなくならないよう気をつけながら強めの中火で20分むします。ふたから水てきが落ちないように、大きめのふきんで包んでのせて。ふきんが下にたれないように、上でしっかりむすびます。

いちご大福

Part 2 休日のお楽しみスイーツ

大福だって自分で作れちゃうんです

製作時間 約1時間　プレゼント　おやつ

もち生地は電子レンジを使って作ります。
レンジにかけるたびに、
もちに変化していくから作るのが楽しい!!
いちごの代わりに栗のかんろ煮で作ってもOK。

材料（5個分）

もち生地
- 白玉粉……100g
- 砂糖………40g
- 水…………120mℓ
- 片栗粉……適量

あん玉
- ねりあん……150g
- いちご
  ……小さいもの5個

*白玉粉はもち米から作る粉。

白玉粉

必要な道具
耐熱のボウル、ゴムべら、電子レンジ、バット、スケッパー、ラップ

作り始める前に
・いちごは洗ってヘタを取り、水けをよくふいておく。
・ねりあんは5等分し、1つずつラップにのせておく。
・バットに片栗粉をうすくふっておく。

作り方

1 あん玉を作る

あんはラップごと手にのせ、指でのばし、いちごをのせる。ラップを使ってあんで包む。いちごのヘタのほうを上にして、冷蔵庫で冷やしておく。

2 白玉粉、砂糖に水をまぜる

耐熱のボウルに白玉粉、砂糖を入れてゴムべらでまぜ、水を少しずつ加えながらそのつどまぜる。

3

白玉粉の粒がなくなるまでよくまぜる。

4 電子レンジにかける

ふんわりとラップをして、電子レンジに1分ほどかける。すぐに取り出し、よくまぜる。

5

ふんわりとラップをして、もう一度電子レンジに1分30秒ほどかける。取り出して、よくまぜる。ようすを見ながら、さらに30秒～1分かける。

6

透明になり、ねばりが出てもち状になったらOK。

7

片栗粉をふったバットに取り出して、少し冷ます。

8 あん玉を包む

手でさわれるくらいになったら、生地の上にも片栗粉をふる。スケッパーや包丁にも片栗粉を軽くつけてから5等分に切る。

9
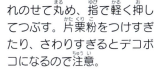
手に片栗粉をつけ、8を1切れのせて丸め、指で軽く押してつぶす。片栗粉をつけすぎたり、さわりすぎるとデコボコになるので注意。

10
いちごのヘタのほうが上になるようにのせて手早く包んで

1のあん玉を1つのせ、もち生地を引っぱるようにして包む。ベタベタしてきたら指に片栗粉をつけながら包む。

11
最後は指でギュッとつまんでとじ、ひっくり返して丸く形をととのえる。残りも同じようにして全部で5個作る。

※でき上がったあと、冷蔵庫で冷やすともちがかたくなってしまうので入れないで。できるだけ早めに食べよう。

Part 2 休日のお楽しみスイーツ

きなこと黒みつでツルン！
わらびもち

製作時間 約2時間　おやつ

昔はわらびの根のでんぷんで作ったので
この名がついています。
もち生地がすき通ってつややかになるまで
力を入れてねるのがコツ。

材料（2～3人分）

- わらびもち粉 ……… 50g
- 砂糖 ……………… 25g
- 水 …… 1¼カップ（250㎖）
- きなこ、黒みつ …… 各適量

＊わらびもち粉は、さつまいもなどのでんぷんの粉でできている。

わらびもち粉

必要な道具

鍋、ゴムべら、バット、ラップ、包丁、まな板、クッキングシート

作り方

1 材料をまぜる

鍋にわらびもち粉、砂糖、水を入れて、ゴムべらでよくまぜてとかす。

2 火にかけてまぜる

中火にかけ、まぜながらふっとうさせる。

3

透明なかたまりがうかんできたら火を少し弱めて、こがさないようにしっかりとまぜながら煮る。

4

全体が透明になったら、さらに力を入れて1～2分まぜ続ける。つやが出たら火を止める。

5 冷やす

バットや皿に手早く流し入れる。さわれるくらいになったら、ラップをして冷蔵庫で1～2時間冷やす。

6 切る

きれいな形に切れなくてもOK！

クッキングシートをしいたまな板に取り出し、わらびもち全体にきなこをまぶして包丁で2～3cm大に切る。断面にもきなこをまぶし、器にもって黒みつをかける。

チエ先生のアドバイス
冷蔵庫で冷やしすぎるとかたくなるので、冷えたら早めに食べてね！

Part 2 夏のひんやりスイーツ&ドリンク

しましまがかわいい！3つの味も楽しめる！
3色アイスキャンディー

製作時間 約8時間　おやつ

ヨーグルトと2種類のジュースを3段にかさねました。
ジュースとヨーグルトの味が口の中で
ミックスされるとさらにおいしさアップ！
1段ずつしっかりかためていくのが、きれいな層を作るポイントです。

GOOOOOD！

材料（6個分）

- プレーンヨーグルト（無糖）……………… 180㎖
- ぶどうジュース ………… 160㎖
- マンゴーミックスジュース
  またはオレンジジュース
  （いずれも果汁100％）…… 160㎖
- 砂糖 …………………… 大さじ3

必要な道具

ボウル、ゴムべら、キッチンばさみ、大きいスプーン、アルミホイル

作り始める前に

・アルミホイルを約8×8cmに6枚切り、真ん中に棒を出す切り込みを入れておく。

型

直径約5.5cm、高さ約6cm（100㎖）の紙コップ（なければ普通サイズを切る）、アイス用の棒

どちらも100均などで手に入ります。

作り方

1 砂糖をまぜる

ヨーグルト、ぶどうジュース、マンゴージュースそれぞれに、砂糖大さじ1ずつをまぜる。

2 紙カップに入れて冷凍

紙コップにぶどうジュースを等分に注ぎ、アルミホイルでふたをして、冷凍庫で2時間ほど凍らせる。

3

2がだいたいかたまったらアイスの棒を中心にさす。

4

ヨーグルトをスプーンで等分に入れる。

5

アルミホイルの切り込みからアイスの棒が出るようにかぶせ、冷凍庫でさらに2時間ほど凍らせる。

6

ヨーグルトがだいたいかたまったら、マンゴージュースを等分に入れて、再びアルミホイルでふたをして冷凍庫で4〜6時間しっかり凍らせる。

7 取り出す

紙コップにキッチンばさみで切り込みを入れ、紙カップをやぶってアイスを取り出す。

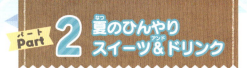

Part 2 夏のひんやりスイーツ&ドリンク

イタリア生まれの白いデザート
パンナコッタ

製作時間 約5時間　パーティー　おやつ

生クリーム、牛乳などを
ゼラチンでフルフルにかためると、
とってもクリーミーな口あたりに。
市販のジャムで作ったソースをかけるとはなやかです。

材料（4個分）

A ┌ 粉ゼラチン（→75ページ）
　│ ……………………… 5g
　└ 湯（60℃くらい） … 大さじ2
牛乳 ……… ⅓カップ（約70ml）
生クリーム …… 1カップ（200ml）
砂糖 ………………………… 30g
レモン汁 ……………… 大さじ½
メープルシロップ …… 大さじ1
（入れなくてもOK）
ソース
いちごジャム …………… 40g
水 ………………… 大さじ1½
レモン汁 ………… 小さじ½

＊ソースのジャムは、ブルーベリーなど好みのものでOK。

必要な道具

耐熱の容器、鍋、ゴムべら、ボウル（鍋より少し大きめ）、大きいスプーン、ラップ、電子レンジ

型

直径約5.5cm、高さ約6cmの器

作り方

1 粉ゼラチンをとかす

Aの湯に粉ゼラチンをふり入れ、まぜてよくとかす。

2 牛乳、生クリーム、砂糖をあたためる

鍋に牛乳、生クリーム、砂糖を入れ、ゴムべらでよくまぜる。弱火にかけて、周囲がフツフツとするくらい（ふっとうはさせない）にあたためる。

3 ゼラチン、レモン汁、メープルシロップをまぜる

火を止めて1のゼラチンを加えてまぜる。

4

レモン汁を加えてまぜる。

5

あればメープルシロップを加えてよくまぜる。

6 冷やす

鍋の底を氷水にあてて冷やし、液が冷たくなるまでまぜる。

7 冷蔵庫で冷やしかためる

液が冷えたら、スプーンで器に等分に流し入れる。ラップをかけて、冷蔵庫で4時間以上冷やしかためる。

8 ソースを作る

耐熱の容器にソースの材料を入れてよくまぜ、ふんわりとラップをして電子レンジに1分ほどかける。冷めたら冷蔵庫に入れてしっかりと冷やす。

9

パンナコッタが冷えてかたまったら、ラップをはずし、8のソースをかける。

チエ先生のアドバイス

液があたたかいまま器に入れてしまうと、冷蔵庫に入れて冷えるまでに時間がかかり、2層に分離してしまいます。

Part 2 夏のひんやり スイーツ&ドリンク

夏に食べたくなるさっぱりデザート
シュワシュワみかんゼリー

製作時間 約5時間　おやつ

ゼリーの中にサイダーの泡をとじこめた、楽しくさわやかなゼリーです。
甘ずっぱ～い缶づめみかんもいっしょにかためます。
バットなどに大きく広げてかため、好きなだけ器にすくって食べて。

材料 （3～4人分）

A ［ 粉ゼラチン ……………… 5g
　　 水 ………………… 大さじ2 ］
サイダー …… 1¼カップ（250㎖）
砂糖 ……………………… 20g
みかん（缶づめ） ……… 正味200g

＊粉ゼラチンは、動物性たんぱく質（コラーゲン）から作られるもので、ゼリーやババロアを作るときに使う。

粉ゼラチン

必要な道具

耐熱のボウル、ゴムべら、ボウル、大きいスプーン、電子レンジ、ラップ

型

約20×13cmのバットや容器、またはお弁当箱

チエ先生のアドバイス

缶づめのみかんのほかに、パイナップルやもも、洋なしでもおいしくできます。どれも小さくきざんで加えましょう。

作り方

1 みかんを入れる

みかんは汁けをきって、バットに入れて広げておく。

2 粉ゼラチンをとかす

耐熱のボウルにAの水を入れ、粉ゼラチンをふり入れる。ラップをしないで電子レンジに10～20秒かけてとかす。

3 砂糖、サイダーをまぜる

2に砂糖をまぜる。サイダーのうち¼カップ（50㎖）を取り分けて加え、ラップをしないで電子レンジに30秒ほどかける。取り出してゴムべらでまぜ、砂糖をとかす。

4

残りのサイダー1カップ（200㎖）を別のボウルに入れ、3を加えまぜる。

5 冷やしかためる

4を1のバットに、静かに流し入れる。ラップをかけて、冷蔵庫で2～4時間しっかりと冷やしかためる。

6 もる

5をスプーンですくって、器にもりつける。

メモ

ゼラチンと寒天のちがい

ゼラチンと同じように、液体をかためるものに寒天（→95ページ）があります。ゼラチンは動物性のたんぱく質から作り、寒天は海そうから作ります。かたまる温度がちがい、ゼラチンで作ったものは冷蔵庫で冷やしてかためますが、寒天で作ったものは室温でもかたまります。

Part 2 夏のひんやりスイーツ&ドリンク

季節のフルーツをたっぷり使って
フルーツパフェ

製作時間 約30分 おやつ

背の高いグラスに、メロン、アイスクリーム、ホイップクリームを中心に好きなものばかりをもった夢のようなパフェ。フルーツやかざり用のお菓子は手に入るものでOKです。

材料（4人分）

- メロン……½個
- コーンフレーク……大さじ3～4
- バニラアイスクリーム……1½カップ
- ホイップクリーム、キャラメルシロップ……各適量
- かざりのポッキー、ウエハース……各適量

＊ホイップクリームは植物油脂に砂糖などを加えて泡立てた市販品。すぐにしぼり出せるようになっている。

必要な道具
包丁、まな板、大きいスプーン（あればディッシャー）

作り方

1 メロンを切る

メロンは、4切れ細長く切り、皮を残す。皮と実の間に切り込みを入れておく。残りは皮をむいて2cm角くらいに切る。

チエ先生のアドバイス

フルーツは、もも、いちご、バナナ、キウイ、りんごなどでも。シロップもキャラメルシロップのほかに、チョコレートシロップ、フルーツソースでもOK。

2 もる

グラスにコーンフレーク、バニラアイスクリーム、角切りのメロンを入れ、ホイップクリームをしぼり出す。

3

キャラメルシロップをかける。

4

さらにバニラアイスクリーム、ホイップクリーム、角切りのメロン、キャラメルシロップの順にグラスに入れる。最後にバニラアイスクリームをのせ、キャラメルシロップをかけ、細長く切ったメロンの切り込みをグラスにさし、好みでポッキーやウエハースをそえる。とけないうちに食べる。

好きなフルーツで作りましょう
シェイク

⏰ 製作時間 約10分 おやつ

好みのフルーツとアイスクリーム、牛乳、氷をミキサーなどにかけてなめらかにしたものが基本のシェイクです。できたらすぐにいただきましょう。アイスや牛乳の量を変えて、自分の好きな味を見つけて！

🎀 材料（2人分）

ブルーベリーシェイク
- 冷凍ブルーベリー ………………… ⅔カップ
- バニラアイスクリーム ………… 200g（カップアイス約1個分）
- 牛乳 ………………… ¼カップ（50㎖）
- キューブの氷 ………………… 6〜8個

🎀 必要な道具
包丁、まな板、ミキサーまたはフードプロセッサー

（写真ラベル：ブルーベリー／バナナ／キウイ）

作り方

1 ミキサーにかける
すべての材料をミキサーに入れる。

2
なめらかになるまでミキサーにかけ、グラスに入れる。とけないうちに飲む。

バナナシェイク
材料（2人分）
- バナナ ………………… 1〜2本
- バニラアイスクリーム …… 200g（カップアイス約1個分）
- 牛乳 …… ¼カップ（50㎖）
- キューブの氷 … 6〜8個

作り方
バナナは皮をむいて輪切りにする。あとはブルーベリーシェイクと同じように作る。

＊グラスに入れてからチョコレートシロップをかけてもおいしい。

キウイシェイク
材料（2人分）
- キウイ ………………… 1½個
- バニラアイスクリーム …… 200g（カップアイス約1個分）
- 牛乳 …… ¼カップ（50㎖）
- キューブの氷 … 6〜8個

作り方
キウイは皮をむいて2〜3cm角に切る。あとはブルーベリーシェイクと同じように作る。

Part 2 夏のひんやりスイーツ&ドリンク

かきまぜるほど、なめらかな舌ざわりに

オレンジシャーベット

製作時間 約6時間　おやつ

ジュースに砂糖をまぜて凍らせるだけととってもかんたん。かたまりかけたら取り出してかきまぜることをくり返すと、ふんわりしたシャーベットに仕上がります。

材料（5～6人分）
オレンジジュース（果汁100％）……2カップ（400ml）
砂糖……………………………………大さじ4

必要な道具
金属製の深めのバットやお弁当箱（20×13cmくらい）、フォーク、ラップ

作り方

1 ジュースに砂糖をまぜる

バットにオレンジジュース、砂糖を入れ、よくまぜる。ラップをかけて（お弁当箱の場合はふたをして）冷凍庫で凍らせる。

2 凍らせてかきまぜる
1～2時間たって凍り始めたら（シャリシャリの状態）、取り出してフォークでしっかりかきまぜる。再びラップをかけて、冷凍庫で凍らせる。

チエ先生のアドバイス
カチカチに凍ってしまうとかきまぜられないので、半分くらい凍ったところでまぜましょう。冷凍庫に入れっぱなしにしないで、1時間おきにようすを見て。

3

1～2時間たってまた凍り始めたら（シャリシャリの状態）、取り出してフォークでしっかりかきまぜる。

4

同じように1～2時間凍らせて、取り出してかきまぜる。空気をふくんでふわっとなればでき上がり。

チエ先生のアドバイス
作り方1で生クリーム大さじ2を加えても。少しこいめでしっとりとした食感になります。

きざんだフルーツを加えておいしさアップ
クリームソーダ

🕐 製作時間 約10分 🍪

サイダーにアイスクリームをのせたクリームソーダに
フルーツをしずめて、食べてもおいしい
デザートにしちゃいました。
好みの缶づめフルーツを使いましょう。

🎀 材料 (2人分)

パイナップル(缶づめ) ………… 輪切り2枚
もも(缶づめ) ………… 半割り2個
サイダー ………… 2カップ(400mℓ)
バニラアイスクリーム
　………… 200g(カップアイス約1個分)
氷 ………… 適量

🎀 必要な道具

包丁、まな板、大きいスプーン(あればディッシャー)

作り方

1 フルーツを切る

パイナップル、ももは、缶から出して汁けをきり、細かくきざむ。

2 仕上げる

1をグラスに半量ずつ入れる。

3

氷を入れてサイダーを注ぎ、バニラアイスクリームをのせる。とけないうちに飲む。

チエ先生のアドバイス

アイスクリームは、あればディッシャーで丸くすくってもると見ばえもかわいくなります。

Part 2 ホームパーティーでもり上がるスイーツ

あこがれのケーキが作れちゃう！
いちごのショートケーキ

製作時間 約4時間　パーティー／誕生日／クリスマス

フワフワのスポンジケーキを焼いて、生クリームを泡立ててと、
ちょっと時間はかかりますが、おいしさは格別！
デコレーションを変えれば、
いろいろなシーンに使える王道のケーキです。

材料（直径18cmの丸型・1台分）

スポンジケーキ生地
- 卵 …………… 3個
- 砂糖（できればグラニュー糖）… 90g
- 薄力粉 ………… 70g
- バター（食塩不使用）………… 15g

シロップ
- 砂糖（できればグラニュー糖）………… 35g
- 水 ………… 大さじ2強

デコレーション
- 生クリーム ………… 2カップ（400ml）
- 砂糖（できればグラニュー糖）… 大さじ2⅔
- いちご ………… 1パック
- 粉砂糖 ………… 少々

必要な道具

粉ふるい、ボウル、ハンドミキサー、泡立て器、ゴムべら、オーブン、オーブンの天板、クッキングシート、オーブンミトン、竹ぐし、金あみ、包丁、まな板、はけ、パレットナイフ、しぼり出し袋、星形口金、コップ、ペーパータオル、耐熱の容器、ラップ、電子レンジ、茶こし

型

直径18cmの丸型（底がぬけるタイプ）

作り始める前に

- 卵は冷蔵庫から出して室温にもどしておく。
- 薄力粉はふるっておく（→23ページ）。
- バターは耐熱の容器に入れ、ラップをしないで電子レンジに30秒ほどかけてとかす。
- 型に合わせてクッキングシートを切って型にしいておく。

作り方

オーブンを170℃に予熱する

1 卵をほぐす

ボウルに卵をわり入れて、ハンドミキサーで卵をときほぐす。

2 泡立てる

砂糖の半量を加え、ハンドミキサーで泡立てる。

3

もったりしてきたら残りの砂糖を加え、さらに泡立てる。

4 しっかり泡立てるのがポイント！

卵が白っぽくなり、もとの3〜4倍にふくらみ、生地をすくって上から落としてみて、線がかけてしばらくあとが残るくらいまで泡立てる。

5 薄力粉をまぜる

ふるっておいた薄力粉を全体にふり入れる。

6

ゴムべらで手早くサクサクとまぜる。

チエ先生のアドバイス

粉類はグルグルまぜると粉のねばりが出て、ふんわり軽い口あたりにはなりません。ゴムべらでサクサクとまぜること。

7 バターをまぜる

だいたい粉がまざったら、あたたかいとかしたバターを加える。

8

手早くサクサクと、粉とバターがよくまざるまでまぜる。

9 型に入れる

準備した型に、少し高い位置から、生地をいっきに流し入れる。

10

型を10cmくらいの高さから、1〜2回台に落として生地の中の空気をぬき、すぐに予熱したオーブンに入れて焼く。

11 オーブンで焼く

170℃で20〜25分焼く。竹ぐしをさしてみて、生っぽい生地がついてこなければOK。

12 冷ます
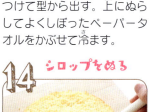
金あみにのせ、やけどに気をつけて型から出す。上にぬらしてよくしぼったペーパータオルをかぶせて冷ます。

スポンジケーキを冷ましている間に
- シロップの材料を耐熱の容器に入れてラップをし、電子レンジに30秒〜1分かけてまぜ、砂糖をとかす。
- いちごはヘタを取る。いちごの1/3量（間にはさむもの）は、たてに3〜4等分にスライスする。

13 スポンジを切る

スポンジケーキの厚みの真ん中に包丁の先で印をつけてから、包丁を横にして厚みを半分に切る。

14 シロップをぬる
スポンジケーキの下半分は切った断面に、上半分は焼き色がついた面に、それぞれはけでシロップをぬる。

15 生クリームを泡立てる

ボウルに生クリーム300㎖、砂糖大さじ2を入れて、ボウルの底に氷水をあてながらやわらかめに泡立てる（→55ページ）。

16 生クリームをぬっていちごをサンドする

スポンジケーキの下半分を器にのせ、15の生クリームを5mm厚さにパレットナイフでぬり広げる。スライスしたいちごをならべる。

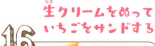

すき間なくのせて！

17
焼き面が下

いちごの上にも15の生クリームを5mm厚さにぬり広げる。上半分のスポンジケーキを、焼き色がついた面を下にしてかさねる。

18 全体に生クリームをぬる
スポンジケーキの上の面にシロップをぬる。生クリームすべてをのせ、パレットナイフで平らにならしながら余分なクリームは側面に落とす。

19

パレットナイフを立てるように持って、ケーキの側面のクリームを平らになるようにぬり広げる。

チエ先生のアドバイス
何度もさわるとなめらかな表面にならないので、できるだけ少ない回数でいっきにぬり広げましょう。

20 残りの生クリームを泡立てる

残りの生クリーム100㎖と砂糖大さじ2/3をボウルに入れ、かために泡立てる（→55ページ）。星形口金をセットしたしぼり出し袋に、泡立てた生クリームを入れる（→28ページ）。

21 しぼり出す

ケーキのふちに、生クリームをしぼり出す。

22 かざる
残りの切っていないいちごをのせ、粉砂糖を茶こしに入れてふる。シュガープレートをのせるときは、生クリームを少量しぼってそこにかざる。冷蔵庫で1～2時間しっかり冷やす。

切り分けるときは…

切り分けるときは、包丁を入れたらなるべくいっきに切り、1回ずつペーパータオルできれいに包丁をふきながら切る。

アレンジ

スコップケーキ

切ったスポンジケーキを容器にしきつめて、生クリームで仕上げます。
すくって食べるのでこの名前で呼ばれます。
いちごやもも、ブルーベリーやラズベリーなどでかざっても。

材料（直径18～20cmの容器・1台分）と作り方

1. スポンジケーキを同じように焼き（→81～82ページ）、冷めたら端からたてに1.5cm厚さに切る。容器にスポンジケーキの半量をしきつめる。シロップを⅔量作り（→82ページ）、はけで適量ぬる。
2. ボウルに生クリーム1½カップ（300㎖）、砂糖20gを入れてやわらかめに泡立てる（→55ページ）。
3. 1に2の半量を入れて広げ、ぶどう（皮ごと食べられるタイプ）適量をのせる。同じように残りのスポンジケーキをしきつめ、シロップを適量ぬる。生クリームをのせ、ぶどうをちらし、ミントをかざる。冷蔵庫で冷やし、大きいスプーンですくって器に取り分けて食べる。

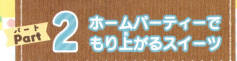

Part 2 ホームパーティーでもり上がるスイーツ

見た目はシンプルだけど味は濃厚
ベイクドチーズケーキ

製作時間 約6時間　パーティー

みんなが大好きなチーズケーキのベイクドタイプ。
きつね色になるまでじっくりと焼き上げます。
焼き上がりはふっくらしていますが、
冷まして生地を落ち着かせると、キュッとしまってきます。

材料
（直径18cmの丸型・1台分）

- クリームチーズ … 300g
- 砂糖 … 120g
- 卵 … 2個
- 生クリーム … 1カップ（200ml）
- レモン汁 … 大さじ2
- 薄力粉 … 30g

必要な道具
粉ふるい、ボウル、泡立て器、ゴムべら、オーブン、オーブンの天板、クッキングシート、オーブンミトン、金あみ、竹ぐし、ペーパータオル、ラップ

型
直径18cmの丸型（底がぬけるタイプ）
焼き上がったら底を押し上げるようにして取り出す。

作り始める前に
- クリームチーズは冷蔵庫から出してやわらかくしておく。
- 薄力粉はふるっておく（→23ページ）。
- 卵は冷蔵庫から出して室温にもどしておく。
- 型に合わせてクッキングシートを切ってしいておく。

作り方

オーブンを180℃に予熱する

1 クリームチーズをねる

ボウルにクリームチーズを入れて、ゴムべらでやわらかくなるまでねる。

2 砂糖をまぜる

砂糖を2回に分けて加え、泡立て器でよくまぜる。

3 卵をまぜる

卵を1個ずつわり入れ、そのたびによくまぜる。

4 生クリーム、レモン汁をまぜる

卵の黄色いすじが見えなくなったら、生クリームを少しずつ加え、そのたびによくまぜる。レモン汁も加えてよくまぜる。

5 薄力粉をまぜる

ふるった薄力粉を一度に加え、泡立て器でサクサクとまぜる。粉っぽいところがなくなれば生地のでき上がり。

6 型に入れる

準備した型に、少し高い位置から生地を流し入れる。型を10cmくらいの高さから、1～2回台に落として生地の中の空気をぬく。

7 オーブンで焼く
180℃で50～60分焼く。竹ぐしをさしてみて、生っぽい生地がついてこなければOK。

8 冷ます

金あみにのせ、かんそうしないようにぬらしてよくしぼったペーパータオルをかぶせ、さらにラップをして冷ます。冷めたらラップだけをかけて冷蔵庫で3時間以上冷やす。型から出して器にもる。

Part 2 ホームパーティーでもり上がるスイーツ

ヨーグルトの酸味がさわやか
レアチーズケーキ

製作時間 約5時間　パーティー　誕生日

こちらはゼラチンでかためて冷やすタイプのチーズケーキ。
ひんやりふんわり、口に入れるとすっととけるよう。
底の生地にはザクザクとしたグラハムクラッカーを使うと、
チーズ生地と相性ばつぐんです。

材料（直径18cmの丸型・1台分）

底の生地
- グラハムクラッカーまたは全粒粉入りクラッカー ……90g
- バター（食塩不使用）……50g

チーズ生地
- クリームチーズ ………200g
- 砂糖 …………………70g
- プレーンヨーグルト（無糖） ……½カップ
- 生クリーム ……1カップ（200ml）
- レモン汁 …大さじ1～2
- A［粉ゼラチン……7g／水…¼カップ（50ml）］

トッピング
- いちご、ブルーベリー、ミント ……各適量
- 型にぬるサラダ油 …少々

必要な道具
クッキングシート、厚手のポリ袋、めん棒、耐熱の容器、ラップ、ボウル、泡立て器、ゴムべら、電子レンジ

型
直径18cmの丸型（底がぬけるタイプ）

作り始める前に
- クリームチーズは冷蔵庫から出してやわらかくしておく。
- 型の底に合わせてクッキングシートを丸く切ってしき、側面にはサラダ油をぬっておく。

グラハムクラッカー

作り方

1 底の生地を作る

厚手のポリ袋にグラハムクラッカーを入れ、めん棒で細かくなるまでたたく。

2

耐熱の容器にバターを入れ、ラップをしないで電子レンジに40～50秒かけてとかす。1のポリ袋に入れる。

3

ポリ袋の上からよくもんで、クラッカーにバターをなじませる。

4 型にしく

用意した型に3を入れ、ラップをかけて、上から手で押して平らにならす。そのまま冷蔵庫で冷やしておく。

5 チーズ生地を作る

ボウルにクリームチーズを入れて、ゴムべらでやわらかくなるまでねりまぜる。砂糖を2～3回に分けて加え、そのつど泡立て器でまぜる。ヨーグルト、生クリーム、レモン汁の順に加え、まぜる。

6

耐熱の容器にAの水を入れて粉ゼラチンをふり入れ、電子レンジに30秒ほどかけてとかし、5に加える。

7

泡立て器で手早くまぜる。

8 型に入れる
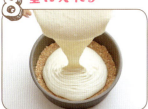
4の型に、少し高い位置からチーズ生地をいっきに流し入れる。

9 冷やす

10cmの高さから1～2台に落として生地の中の空気をぬく。ラップをかけて冷蔵庫で4時間以上冷やしてかためる。

10 型から出す

型のまわりを手であたため、軽くとかしてから、底を押し上げるようにしてゆっくりとぬく。

11 もる
切って器にもり、いちごやブルーベリー、ミントをそえる。

チエ先生のアドバイス
切るときは、包丁をお湯で少しあたためて水けをふき、1回切るごとにペーパータオルで包丁をふくと、きれいに切れます。

Part 2 ホームパーティーでもり上がるスイーツ

りんごたっぷりがうれしい！
アップルパイ

製作時間 約3時間　パーティー

サクサクのパイの中に、甘ずっぱいりんごがたっぷり。
りんごはバター、砂糖、レモン汁をからめて、形をくずさないようにじっくりと火を通します。これがおいしさの決め手！

材料 (22×14cm 1台分)

- 冷凍パイシート (→45ページ) …… 2枚
- **りんごのバター煮**
  - りんご(あれば紅玉) …… 2個
  - 砂糖 …… 50〜60g
  - バター(食塩不使用) …… 15g
  - レモン汁 …… 大さじ1強
- **つや出し用卵黄**
  - 卵黄 …… 1個分
  - (卵黄、卵白の分け方→45ページ)
  - 牛乳 …… 小さじ1
  - 塩 …… ごく少量

＊りんごの甘さと酸味によって砂糖とレモン汁の量を調整する。
＊りんごが小さいときは2½個使う。

必要な道具

包丁、まな板、フッ素樹脂加工のフライパン、さいばし、バット、クッキングシート、フォーク、はけ、オーブン、オーブンの天板、オーブンミトン

作り始める前に

- 冷凍パイシートは冷蔵庫に移し、2〜3時間おいて解凍しておく。
- つや出し用の卵黄と牛乳、塩はよくまぜておく。
- バットとオーブンの天板にクッキングシートをしいておく。

作り方

りんごのバター煮を作る

1
りんごは皮をむいてたて4等分に切り、しんをのぞいてたてに8mmくらいの厚さに切る。

2
フライパンにできるだけかさならないようにならべ、砂糖、レモン汁をふる。バターをちぎって入れて中火にかけ、ときどきゆする。

3
こげないように火加減を調整する。りんごをうら返して煮つめ、煮汁が茶色くカラメル色になる少し前まで火を通す。

チエ先生のアドバイス

かきまぜるとあめ状になってしまうので、りんごをうら返すとき以外はフライパンをゆするくらいで。加熱時間の目安は火にかけてから20分ほどです。

4
クッキングシートをしいたバットなどの上に汁ごと取り出し、冷ます。さわれるくらいになったら、冷蔵庫で冷やしておく。

オーブンを210℃に予熱する

りんごをのせて包む

5
準備した天板にパイシートを1枚のせ、フォークでさして全体にまんべんなく穴をあける。

6
まぜたつや出し用卵黄を、はけでパイのふちにぬる。

7
ふちを1cmくらい残して4のりんごをこんもりとのせる。

8
もう1枚のパイシートもフォークで穴をあける。ふちから1cm内側に包丁で軽く線をつけ、8本くらい切り込みを入れる。

9
8を7の上にのせ、パイ生地を少し引っぱりながらかぶせる。

10
周囲をフォークで押さえて、しっかりとじる。

11 卵黄をぬる
卵黄をはけで全体にたっぷりぬる。

12 オーブンで焼く
210℃で10分ほど焼き、180℃に温度を下げて、ふくらんだ部分がしっかりとかたまってパリパリになるまで30〜35分焼く。

チエ先生のアドバイス

パイはふくらんだ断面の"層"がしっかりと色づくまで焼きます。表面がこげるときは途中で取り出し、すばやく上にアルミホイルをかぶせて。

Part 2 ホームパーティーでもり上がるスイーツ

チョコレートクリームで"まき"のように見せて

ブッシュ・ド・ノエル

製作時間 約40分　パーティー　クリスマス

「クリスマスの"まき"」という意味の、
フランス伝統のクリスマスケーキ。
ロールケーキは売っているものを使って、
チョコレートクリームだけを作るかんたんバージョン。
きれいにぬらないで、
すじがつくくらいのほうが"まき"らしく見えます。

材料（直径約8cm、長さ約18cm・1台分）

- チョコレートロールケーキ（市販品）……… 8切れ
- **チョコレートクリーム**
  - チョコレート……… 35g
  - 生クリーム……… ½カップ（100ml）
- **かざり**
  - 純ココア……… 少々
  - アラザン（大・小）……… 各少々
  - サンタ形のお菓子など……… 各適量

チョコレートロールケーキ（直径8〜9cm、厚さ2.5cmにカットされたもの）

必要な道具
包丁、まな板、耐熱のボウル、ボウル、ゴムべら、泡立て器、大きいスプーン、茶こし、電子レンジ

作り始める前に
・チョコレートは包丁でできるだけうすくきざんでおく。

作り方

1 チョコレートクリームを作る

大きめの耐熱のボウルに生クリーム大さじ3を入れ、ラップをしないで電子レンジに30〜50秒かけてあたため、きざんだチョコレートを加える。

2

ゴムべらでまぜながらチョコレートをとかす。

チエ先生のアドバイス
チョコレートがとけないときは再びレンジに10〜20秒かけてようすを見て。

3

なめらかになるまでまぜる。

4

残りの生クリームを少しずつ加えながらまぜる。

5

ボウルの底に氷水をあてて、泡立て器で泡立てる。

6

やわらかな線がかけるくらい、とろりとするまで泡立てる。

7 チョコレートクリームをぬる

器などにロールケーキ7切れをのせ、スプーンなどでチョコレートクリームを両端の断面を残して全体にぬる。

8

7の右端に、残りの1切れをのせる。断面を残し、のせたロールケーキの側面にもチョコレートクリームをぬる。

9 かざる

スプーンの背で"まき"のような線をつける。茶こしでココアをふり、アラザンをちらしてサンタ形のお菓子などをかざる。

Part 2 ホームパーティーでもり上がるスイーツ

何段積めるか、チャレンジして
プチシューのクロカンブッシュ

製作時間 約30分　パーティー　イースター

クロカンブッシュは小さなシューをつみ上げたもので、ウエディングケーキとして知られています。イースターの日にも楽しめるよう、春色パステルカラーのマーブルチョコを飾ってみました。

材料 （直径15cm、高さ約18cm・1台分）

チーズタルト（市販品、直径13.5cm）……1台
プチシュークリーム（→31ページ）……18〜22個
ホイップクリーム（→76ページ）…………1本
かざり
マーブルチョコ、粉砂糖………………各適量

チーズタルト

必要な道具
茶こし

作り方

1 プチシュークリームを積む

器にチーズタルトをのせる。チーズタルトのふちと、その内側数カ所に、ホイップクリームをしぼり出す。

2 1段目

1段目のプチシュークリームをならべる（約9個）。

3 2段目

間にホイップクリームをしぼり出し、プチシュークリームをかさねる（2段目約7個）。

4

同じようにしてかさねていく（3段目約3個、4段目約1個が目安）。

5 4段目

4段目のプチシュークリームをのせたら、すき間にもホイップクリームをしぼってかざる。

6 かざる

ホイップクリームの上にマーブルチョコをかざり、仕上げに茶こしで粉砂糖をふる。

かざりを赤×緑でまとめるとクリスマスケーキにも！

Part 2 ホームパーティーでもり上がるスイーツ

缶づめフルーツもりだくさんで主役級！
カルピス寒天入りフルーツポンチ

製作時間 約2時間　パーティー　誕生日

大きめの器に作ると、迫力があってみんなにうけることまちがいなし！
フルーツは缶づめをいくつか組み合わせ、缶のシロップも使います。
白い星形のカルピス寒天がアクセント！

材料（5〜6人分）

白桃、黄桃、パイナップル、
みかん（缶づめ）………… 各½缶
キウイ ………………………… 1個
チェリー（缶づめ）………… 適量

カルピス寒天
水 ……………………… 1カップ（200㎖）
粉寒天 …………………………… 2g
カルピス（濃縮タイプ）
………………… ¼カップ（50㎖）

粉寒天

＊寒天は海そうから作られたもので、寒天ゼリーやところてんなどを作るときに用いる。

必要な道具

包丁、まな板、小鍋、ゴムべら、クッキングシート

作り始める前に

・流しかんはさっとぬらしておく。

型

流しかん（17cm×14cm、高さ5cm）またはバットや底がぬけるケーキ型など（お弁当箱でもOK）。星形のぬき型

作り方

1 フルーツを切る

白桃、黄桃、パイナップルは缶のシロップをきり、食べやすい大きさに切る。キウイは皮をむいて、食べやすい大きさに切る。切ったフルーツは、みかん、チェリーとともに冷蔵庫で冷やし、シロップもボウルなどに合わせて冷蔵庫で冷やしておく。

チエ先生のアドバイス
シロップが多いときは、白桃、黄桃、パイナップルのシロップを優先的に使うとおいしくできます。

2 カルピス寒天を作る

小鍋に分量の水と粉寒天を入れて中火にかける。ふっとうしてきたらゴムべらでまぜながら2分ほど煮る。

3

火を止めて、カルピスを加えてまぜる。

4

流しかんに流し入れる。冷めてかたまってきたら、冷蔵庫に入れて1〜2時間冷やす。

5 型でぬく

クッキングシートをしいたまな板の上に、流しかんからカルピス寒天を取り出して、星形のぬき型でぬく。

6 もる

器に1のフルーツ、5のカルピス寒天を入れ、1のシロップを注ぐ。

ラッピングシート（97ページ～）の使い方

次のページからラッピングシートがついています。
Part1で紹介したラッピングアイデアを参考に、
好きな柄のシートをえらんで、好きな大きさに切ったり、折ったり、包んだり、
いれものを作ったりして、自由に使ってね。
また、カードのサイズに切って、メッセージを書いてスイーツにそえると、
より気持ちのこもったプレゼントになるかも！
切り取るのがもったいないという人は、カラーコピーをして使ってもOKです。

阪下千恵（さかした ちえ）

料理研究家。東京で料理教室の講師をするほか、料理やお弁当の本を出版。お菓子作りは小学校3年生から始め、本を見ながら1つずつ覚えたという。2人の娘さん（小学生と中学生）ともお菓子作りを楽しんでいる。

STAFF

デザイン　加藤美保子
撮影　寺岡みゆき
スタイリング　深川あさり
お菓子製作アシスタント　佐藤香織、吉野清美、加藤寛子
マンガ　大野はな
校正　関根志野
撮影協力　UTUWA、AWABEES
編集協力・原稿作成　相沢ひろみ
編集　（株）シーオーツー（秋葉桃子）

材料・道具提供
旭化成ホームプロダクツ(株)、共立食品(株)、
タカナシ乳業(株)、(株)モンテール

友チョコもあこがれスイーツも！
はじめてのお菓子レッスンBOOK

著　者　阪下千恵
発行者　片桐圭子
発行所　朝日新聞出版
　　　　〒104-8011　東京都中央区築地5-3-2
　　　　電話　03-5541-8996（編集）
　　　　　　　03-5540-7793（販売）
印刷所　図書印刷株式会社

©2018 Chie Sakashita
Published in Japan by Asahi Shimbun Publications Inc.
ISBN　978-4-02-333253-9

定価はカバーに表示してあります。
落丁・乱丁の場合は弊社業務部(電話03-5540-7800)へご連絡ください。送料弊社負担にてお取り替えいたします。

本書および本書の付属物を無断で複写、複製（コピー）、引用することは著作権法上での例外を除き禁じられています。また代行業者等の第三者に依頼してスキャンやデジタル化することは、たとえ個人や家庭内の利用であっても一切認められておりません。